Janine Schweitzer

EINE FRAU RÄUMT AUF

Meine spektakulärsten Fälle als Tatortreinigerin und Messie-Entrümplerin

riva

Bibliografische Information der Deutschen Nationalbibliothek:
Die Deutsche Nationalbibliothek verzeichnet diese Publikation in der Deutschen Nationalbibliografie. Detaillierte bibliografische Daten sind im Internet über
http://dnb.d-nb.de abrufbar.

Für Fragen und Anregungen
info@rivaverlag.de

Originalausgabe
1. Auflage 2020

Nymphenburger Straße 86
D-80636 München
Tel.: 089 651285-0
Fax: 089 652096

Redaktion: Susann Harring
Umschlaggestaltung: Catharina Aydemir
Umschlagabbildung: shutterstock.com/Abstractor, Ceri Breeze, Milkovasa
Satz: Satzwerk Huber, Germering
Druck: CPI books GmbH, Leck
Printed in Germany

ISBN Print 978-3-7423-1361-4
ISBN E-Book (PDF) 978-3-7453-1057-3
ISBN E-Book (EPUB, Mobi) 978-3-7453-1058-0

Janine Schweitzer

EINE FRAU RÄUMT AUF

Inhalt

Prolog

Alles hat einen Anfang, und alles hat ein Ende

Ich habe schon viel gesehen – die blauen Lippen eines toten Kindes, das angestaute Blut in einer Duschwanne, Exkremente an den Wänden – doch hier sehe ich nichts. Jedenfalls nichts Besonderes, aber es wird der Auftrag sein, der mich mit dem Herzen sehen lässt.

Davon weiß ich natürlich noch nichts, als ich über die 40 Zentimeter hohe und zurechtgeschnittene Hecke spähe. Der Rasen ist raspelkurz, schon bald werden überall Tulpen sprießen, vielleicht auch in diesem Garten, der wie jeder andere in dieser Gegend aussieht. Der direkte Nachbar hat ein großes Schild mit seinem Namen darauf: POLIZEI. Weiß auf blau. Hier ist es sicher, ist die Welt in Ordnung, hier geht man gemeinsam statt einsam. Diesen Eindruck bekomme ich, und diesen Eindruck vermitteln auch die sich ähnelnden Häuser, die in der Form des Buchstaben U ausgerichtet sind. Nichts fällt aus dem Rahmen. Bin ich hier wirklich richtig?

Ich suche nach Hinweisen, der verwitterte Stuhl, die zugezogenen Vorhänge. Irgendetwas muss doch darauf hinweisen, dass ich die Ärmel hochkrempeln soll, dass hinter diesem Gemäuer ein Schicksal auf mich wartet. Dass es das Ende ist. Das klingt vielleicht merkwürdig, aber für gewöhnlich werde ich gerufen, wenn es das Ende ist. Wenn die Menschen nicht mehr weiterwissen. Oder wenn die Nachbarn, die Angehörigen bereits da waren, die Kriminalpolizei und die Spurensicherung ihre Arbeit gemacht und die Bestatter die Leiche mitgenommen haben. Aber sie lassen zurück, was die meisten nicht wegmachen möchten. Blut, Materie und den Geruch des Todes. Aber ich bin nicht die meisten, ich habe kein Problem damit – denn ich bin Tatortreinigerin und Messie-Entrümplerin. Und heute soll ich die Wohnung eines Messies wieder auf Vordermann bringen.

Eine zierliche Frau tritt aus der Terrassentür. Sie hält sich am Geländer fest, wirkt gebrechlich, aber gleichzeitig wach, denn sie erblickt mich sofort. Sie winkt. Der Zipfel auf ihrer Baskenmütze wippt dabei im Takt, dann zieht sie an ihrer Zigarette und sieht aus, als hätte sie ein Leben gehabt, ein spannendes und ausschweifendes Leben. Als wäre sie Künstlerin an der Seine gewesen oder Tänzerin im Berlin der Zwanzigerjahre. Doch nach Ende sieht sie oder sieht das alles hier immer noch nicht aus. Sie ist gestylt und gepflegt – bis auf ihre zerzausten Haare, aus denen die Blondierung herausgewachsen ist, doch auch das ist noch kein Hinweis. Aber wenn ich eins gelernt habe während meiner Selbstständigkeit: Messies sind Menschen wie du und ich. Und nicht immer sieht man ihnen ihre Erkrankung an. Das Chaos der Wohnung, das innere Chaos muss sich nicht äußerlich widerspiegeln. Sie verstecken es ganz tief in sich drin und verstecken es hinter geschlossenen Türen. Die Türen der Frau vor mir blieben zehn Jahre lang verschlossen. Ganze zehn Jahre hat sie keinen mehr hineingelassen, nicht einmal ihre Töchter. Sie erfand immer neue Ausreden: »Heute nicht, Schatz«, »Oh, das passt mir leider nicht so gut« und »Lass uns doch woanders treffen«. Und wir beide treffen uns jetzt im Garten.

»Hallo Frau Meyer, ich grüße Sie«, sage ich und sie gibt mir die Hand. Leichter Händedruck und ein nettes Lächeln.

»Ich weiß selbst nicht genau … ich weiß nicht, wie es dazu gekommen ist«, sagt die Frau wenig später. Ich weiß ja noch nicht einmal, zu was genau es gekommen sein soll, denn sie setzt sich auf die Bank und bittet mich, auf dem Holzstuhl Platz zu nehmen. Aber ich möchte sie nicht drängen und keinesfalls unterbrechen.

Sie soll mir erzählen, was sie mir erzählen möchte. Sie soll mir vertrauen können. Die Frau schlägt die Beine übereinander und holt Luft. Eine Pause. Ich ermutige sie, einfach draufloszuerzählen, und ihre Schilderungen gleichen jenen der Tochter am Telefon, die mich beauftragt hat. Sie und ihre Schwester hätten ihre Mutter immer als sehr organisiert und »wie aus einem Lack« erlebt. Sie hätten sie nie ungeschminkt gesehen, schon morgens war sie bereit für den Tag, mit perfekt nachgezogenen Lippen und langen Wimpern, auch wenn sie nur zum Bäcker musste. Die Wohnung war sauber und mit Liebe zum Detail eingerichtet. Bis ein Tag alles veränderte. Sie und ihre Schwester glaubten, es hänge mit dem Tod ihres Vaters zusammen, also des Ehemanns der Frau, die gerade vor mir sitzt. Ich kann mir das gut vorstellen, ich weiß, wie einen der Tod von geliebten Menschen aus der Bahn werfen kann. Wie der Zug entgleist, wie nichts mehr ist, wie es vorher einmal war. Auch die Frau erzählt, dass sie seit dem Tod ihres Mannes immer mehr gehortet hat, Dinge, die ihr gefielen, die ihr guttaten, und irgendwann wurde es mehr. Mehr und mehr. Das kam schleichend. Mit jedem leise gesprochenen Wort dieser Frau baue ich eine Beziehung zu ihr auf. Ich glaube, dass sie nicht nur einen Menschen verabschieden musste. Sie spricht von ihren drei Kindern, doch die Tochter erwähnte am Telefon nur sich und ihre »einzige Schwester«. Eine Familienfehde? Ein Unfall? Eine Krankheit? Ich werde es nie erfahren, aber ich erfahre, dass sie trinkt. Das gibt sie ohne Umschweife zu, schaut dann aber beschämt zu Boden.

»Trinken wir nicht alle einmal etwas über den Durst?«, sage ich, um die Situation zu lockern. Damit sie nicht das Gefühl hat, sich nackig zu machen, öffne auch ich mich ein wenig: Ich hätte Alkoholiker in der Familie gehabt und die hätte ich alle gut leiden können.

Sie lächelt und zieht ihre lila Daunenjacke enger zusammen. Wir sitzen hier zwischen Spätwinter und Frühling und spüren den kalten Wind im Nacken, die steifen Finger, und so sitzen wir bestimmt eine Dreiviertelstunde lang, bis ich vorsichtig sage:

»Brr. Ganz schön kalt geworden. Sollen wir mal reingehen?« Das Nicken kostet sie Überwindung, und dass sie die Tür ansteuert und sie aufmacht, ist mir gegenüber ein großer Vertrauensbeweis. Ich gehe ihr nach, die Stufen der Terrasse führen direkt ins Schlafzimmer. Am Eingang liegt etwas Erde und im Zimmer türmen sich vereinzelt Kleiderberge mit hochwertigen und wohl auch teuren Jacken. Insgesamt sieht es gar nicht so schlimm aus. Jedenfalls auf den ersten Blick. Das Bett ist sogar gemacht, die Bettwäsche weiß mit rosa und hellblauen Blumenranken, und die vielen Teddybären sind überall hübsch in Szene gesetzt. Auf dem Bett, auf dem Nachttisch. Aber auf den zweiten Blick bemerke ich die aufeinandergestapelten Rewe-Papiertüten. Als wir an ihnen vorbeilaufen, sehe ich, dass sich die Einkäufe noch darin befinden. Das Essen gärt und verfault – ich atme durch den Mund, doch schließe ihn schnell wieder wegen der vielen Fruchtfliegen. Als wir weiter in den Flur gehen, erkenne ich das ganze Ausmaß.

»Seien Sie vorsichtig«, sagt sie zu mir, hier würde man sich schnell verletzen, man könnte leicht umknicken oder fallen. Doch ich habe eher Sorge um sie als um mich. Ich schaue auf ihre dünnen Fußfesseln, auf ihre dünne Silhouette und entwickle den Wunsch, diese Frau zu beschützen. Sie schiebt mit den Beinen die Weinflaschen aus dem Weg, aber sie rollen immer wieder zurück, und so muss sie doch die Füße anheben und sich mit der Fußspitze einen Weg zwischen den Flaschen bahnen. Ich tue es ihr nach, fühle mich wie eine Bergsteigerin, halte mich an der Wand fest, an der eine Stelle völlig schwarz ist. Von den tagtäglichen Berührungen oder vom Zigarettenqualm. Wir steigen über noch mehr Weinflaschen. Das stellte ich mir nicht vor, als ich anmerkte, dass wir doch alle mal einen über den Durst trinken würden. Das ist nicht mehr über den Durst trinken, das ist der verzweifelte Versuch, sich und seine Gefühle zu ertränken, damit sie nicht mehr so schmerzen. Aber ich lasse mir nichts anmerken, und auch wenn ich mich wundere, verurteile ich sie nicht. Meine Eltern habe ich auch niemals verurteilt.

Ich bin im Süden Berlins groß geworden, in Steglitz. Urban und hip, das sind die Menschen in den anderen Kiezen. Wir wohnen idyllisch, beinahe in der Natur, und meine Mutter mag das besonders gern, denn sie ist eigentlich Sylterin. Dort sind wir jede Sommerferien, ganze sechs Wochen lang. Wir quartieren uns bei meiner Großmutter ein und wir sind: meine Mutter, mein Vater, mein Bruder und ich. Mein älterer Bruder und ich schlagen uns nicht die Köpfe ein, denn wir sind nie Rivalen gewesen, wir sind Freunde. Und auch mit unseren zwei Cousinen verstehen wir uns blendend. Bei Ebbe rennen wir ins Watt und schauen zu, wie die Würmer im Sand Spaghettihäufchen bilden. Bei Flut bespritzen wir uns mit Wasser und vergessen die Welt um uns herum. Und auch heute noch liebe ich es, mir vom Nordseewind den Kopf freiblasen zu lassen. Die Ferien sind und waren immer eine Auszeit. Und die brauchte ich später von Berlin immer dringender.

Denn als ich elf bin, ziehen wir in den Norden Berlins und die Idylle ist erst einmal Geschichte. Zwar ist bei uns in der Familie alles immer noch harmonisch, aber ich fühle mich trotzdem, als wären die Hunde in den Ring gelassen worden. Ich bin in diesem Ring und dieser Ring heißt Berlin-Wittenau. Wir wohnen zwar in einem Einfamilienhaus, aber in der Nähe ist das Märkische Viertel mit seinen weiß-grauen Häuserblöcken, wohin das Auge reicht. Sido rappte darüber in seinem Song, rappte von Koks, Sex und Kriminalität. Der Refrain geht so und ich kann ihn überhaupt nicht leiden: *»Meine Straße, mein Zuhause, mein Block / Meine Gedanken, mein Herz, mein Leben, meine Welt / Reicht vom ersten bis zum sechzehnten Stock.«* Aber ich will nicht, dass das meine Welt ist, obwohl Sido und ich auf die gleiche Schule gehen. Ich, ein schüchternes und sensibles Kind, finde niemals meinen Platz darin. Ich werde gemobbt und teile auch manchmal aus, es ist unerträglich. Ob Vater und Mutter auch anfangen zu trinken, weil es unerträglich wird? Ich weiß es nicht genau, aber um zwölf Uhr mittags hat Mutter bereits ein Glas Wein in der Hand und Vater ein Bier und ab 17 Uhr trinken sie zusammen eine ganze Flasche Weinbrand mit Cola. So geht das jeden Tag. Und am Wochenende sind sie richtig betrunken, aber auch ausgelassen. Menschen gehen aus und ein. Grillen auf der Terrasse, Fernsehabende und Gesellschaftsspiele oder eine richtige Party. Bei uns ist immer etwas los, und ich, mittlerweile im Teenageralter, mag das und feiere mit, mein Bruder hingegen mag das überhaupt nicht. Doch die Party ist zu Ende, als ich 21 Jahre alt bin. Mein Vater ist 55, im typischen Alter für einen Herzinfarkt. Er fällt einfach um. Sein Tod ist plötzlich und meine Mum trifft es am härtesten. Sie hat ihn bereits mit 14 Jahren kennengelernt, und sie hat sich nicht nur an ihn gewöhnt, sie hat sich auch ein bisschen zu sehr auf ihn verlassen. Der Alltag überfordert sie. Drei Jahre später macht meine Mutter Urlaub in ihrem Stammhotel in der Türkei. Ich denke, das wird ihr guttun. Aber nach dem Frühstück soll sie zu ihrem Freund gesagt haben, dass es ihr nicht gut gehe, dass sie duschen gehe. Im Zimmer fällt sie genau wie Vater einfach um und lässt mich allein als Vollwaise. Ich bin doch erst 24 Jahre alt und sie war doch erst 49 Jahre.

In diesem Jahr würde sie 64 werden, ungefähr wie die Frau, bei der ich heute bin. Irgendetwas regt sich in mir und ich weiß nicht, was, denn das hatte ich so noch nicht. Ich gehe jeden Auftrag pragmatisch und professionell an, und das tue ich auch heute, nur dass jetzt auch die Emotionen hinzukommen. Meine Gedanken kreisen. Sie ist meiner Mutter ähnlich. Die Vorliebe für Wein, das Liebevolle. Und obwohl sie sich körperlich unterscheiden, die Frau ist eher knochig und meine Mutter war zum Kuscheln, kann ich nicht aufhören, die beiden miteinander zu vergleichen. Das könnte meine Mutter sein. Und als mir die Frau zeigt, wo sie schläft, überrumpelt es mich völlig. In mir schreit es laut: Nein! Keine Mutter auf der ganzen Welt sollte so schlafen.

»Also hier schlafen Sie?«, frage ich, vielleicht um diese Information zu verarbeiten, vielleicht um sicherzugehen, dass ich richtig gesehen habe, wo ihr Finger hinzeigt. Ich muss näher heran gehen, von Weitem sehe ich nur Müll. Aber dort zwischen dem Sofa und einer meterhohen Müllbarriere ist eine Kuhle. Dort ist gerade mal ein Meter vom grauen Sofa frei geblieben. Ich sehe ein Kissen und viele vorsortierte Häufchen, als hätte sie versucht, das Durcheinander nicht zu sehr durcheinanderzubringen. Eine ganz eigene Ordnung. Neben dem Kissen liegen Hunderte Zigarettenstummel, darüber Plastikverpackungen von Lebensmitteln wie Hühnerbrust und Frischkäse. Ein paar ganze Croissants liegen dazwischen, daneben wieder Weinflaschen und der größte Haufen scheint der Fernsehabendhaufen zu sein. Flipstüten, Salzbrezeln, Erdnussdosen, Zigarettenschachteln und die Fernbedienung. Der Fernseher leuchtet das Zimmer aus. Konstantes Blau, darauf steht: »Kein Signal«. Ich empfange ebenfalls kein Signal, ich höre die Worte der Frau nur gedämpft, ich brauche eine Minute, um mich zu sammeln, dabei habe ich schon viele solcher Schlafstellen gesehen. Aber wenn ein junger Mann sich dafür entscheidet, so zu schlafen, freiwillig entscheidet, dann macht das weniger mit mir. Will sie mir ernsthaft sagen, dass sie hier auf Kippen und scharfkantigen Dosen schläft? Warum schläft sie nicht im Schlafzimmer, das in wesentlich besserem Zustand ist? Aber ich bin nicht hier, um Mitleid zu haben oder um zu mutmaßen. Ich bin hier, um aufzuräumen.

»Ich helfe Ihnen. Das bekommen wir hin«, sage ich entschieden und merke, dass sie wirklich gewillt ist, ihr Leben wieder in den Griff zu bekommen. Sie sagt, ich solle alles wegwerfen, was nötig ist. Das muss sie mir nicht zweimal sagen.

Ich bestelle einen Container. Einige Tage später wird er im Vorgarten angeliefert und mein Team, mein Mann und ich rücken aus. Wir tragen weiße Schutzanzüge und Einmalhandschuhe aus Nitril. Jetzt begutachtet auch mein Mann die Wohnung. Er nimmt die glamourösen Outfits in die Hand, wirft Unmengen an abgelaufener Kosmetik weg und dann hat er einen Spitznamen für die Frau gefunden: Frau Prada. Er meint das nicht respektlos, er möchte mich nur zum Lachen bringen und schafft es auch. Gute Laune und gute Musik helfen immer beim Aufräumen. Wir arbeiten uns langsam vor, werfen die leeren Verpackungen vom Lieferservice weg, sortieren die gute Kleidung aus und ich wage mich in die Küche vor. Noch mehr Verpackungen, und was mir auffällt: Hunderte Kaffeekapseln für die Kaffeemaschine. Was wir Menschen heutzutage an Müll produzieren, ist nicht mehr normal. Das alles hat sich anscheinend in drei Jahren angesammelt. Seit drei Jahren hat Frau Prada ihren Müll nicht mehr hinausgebracht. Denn die Nachbarn könnten sie ja sehen. Eine Logik, die schwer zu verstehen ist. Ich kämpfe mich weiter durch, rechts gestapelter Müll, links auf den Ablageflächen noch mehr, in der Mitte immerhin etwas weniger. Der Müll ist sogar in der offenen Spülmaschine, auf dem Herd. Er leuchtet rot. Wenn sie einmal an die Schalter gelangen sollte, würde alles in Sekundenschnelle Feuer fangen. Am Spülbecken sieht es so aus, als hätte es bereits gebrannt. Schwarze Töpfe sind zu sehen, dahinter ein blau leuchtendes Zwiebelmuster, unter einer Glasglocke sogar noch ein ganzer Obstkuchen mit Teiggitter, auf dem Fensterbrett ein Topf, in dem mal Kräuter sprossen. Hier gab es mal menschenwürdiges Leben, ich müsste nur das Schwarze wegrubbeln. Ja, ich werde Frau Prada ihr Leben zurückgeben, und wenn ich das nicht kann, dann wenigstens ihre Wohnung.

Erst einmal muss ich die Fenster öffnen, damit die Fruchtfliegen entweichen können. Denn ich muss auch Ursachenforschung betreiben, statt ohne Verstand Insektizide zu versprühen. Woher kommen die Millionen von Fliegen in der Luft und auf den Fensterbrettern? Ja, es sind wirklich so viele, ich neige nicht zu Übertreibungen. Sie kommen von den verrotteten Lebensmitteln, und wenn alles weg ist, werden auch sie weg sein. Nach und nach trage ich den Müll hinaus, dort stehen nun die neugierigen Nachbarn. Sie sprechen mich an: Mensch, das hätten sie ja gar nicht gewusst, wie konnte das sein.

Ja, denke ich, wie kann das sein, an einem Ort, wo es sicher ist, wo die Welt in Ordnung zu sein scheint und wo man gemeinsam statt einsam geht. Vielleicht müssten wir alle einmal an der Oberfläche kratzen und bei unseren Nachbarn klingeln, statt nachzufragen, wenn es zu spät ist. Die Nachbarn haken nach, was denn genau los sei, aber ich gebe natürlich keine Informationen weiter. Wenn Frau Prada das wüsste, sie hat extra den Müll nicht hinausgebracht und jetzt kommt doch alles ans Licht. Ich hätte den Container gerne wie bei anderen Aufträgen woanders platzieren lassen, doch es gibt keinen versteckten Winkel, über die niedrige Hecke kann man uns sozusagen aufs Butterbrot schauen. Der Container ist schon jetzt randvoll, über 3000 Flaschen haben wir aus der Wohnung getragen, und abends liege ich im Bett und kann nicht so recht aufhören, an Frau Prada zu denken. Wie sie mich angesehen hat, mit diesen sanften Augen, wie ihre Töchter über sie gesprochen haben. Eine einzige Last, die ihnen jetzt auch noch Arbeit aufhalsen würde.

Ich hätte niemals so abfällig über meine Mutter gesprochen. Jetzt muss ich auch an sie denken. Wie mich meine Mutter mit dem Fahrrad von der Schule abgeholt hat und wir schwimmen gegangen sind. Wie sie mich jeden Dienstag zum Fleischer geschickt hat. Dann habe ich uns ein halbes Brathähnchen geholt, ich weiß nicht, wo mein Vater war oder mein Bruder, aber diese Zeit hatten Mutter und ich nur für uns. Zeit, in der wir zusammen gegessen und uns nebenher die *Muppet Show* oder etwas anderes angesehen haben. Mit offenen Augen liege ich im Bett und mein Mann merkt, dass mich der Tag beschäftigt. Wir unterhalten uns und schließlich kann ich besser einschlafen.

In den nächsten Tagen ist die Wohnung vollständig vom Müll befreit und der Rest der schönen Einrichtung kommt zum Vorschein. Das Sofa muss natürlich ebenfalls entsorgt werden, aber da stehen auch ein massiver Holzschrank, eine geschwungene Konsole, Rattanstühle und eine Kaminattrappe, die mir schon vorher ins Auge stach. Darauf stehen ein großer silberner Spiegel, zwei Lampen rechts und links und dazwischen Kerzenständer in verschiedenen Höhen. Frau

Prada wird es hier schön haben, denke ich, während ich wie wild schrubbe. Und dann erstrahlen die braunen und fleckigen Küchenmöbel schon wieder in Hochglanzweiß, die Rundbogenfenster lassen das Licht herein, das Bad ist wieder zum Wohlfühlen da und das Parkett glänzt bis auf wenige Flecken. Da hat sich der Müllsaft leider schon eingefressen, da muss ein anderer Profi ran, wie auch an die Wände. Ein Maler wird kommen, sodass die Tabakschicht nicht länger zu sehen und zu riechen ist. Die Wohnung konnte ich Frau Prada zurückgeben, aber leider werde ich ihre Reaktion nicht sehen, denn sie ist im Krankenhaus. Sie hat sich drei Wirbel gebrochen, vermutlich hat sie ihren eigenen Ratschlag, vorsichtig zu sein, nicht befolgt. Ich schätze, sie ist auf einer der vielen Flaschen ausgerutscht, aber das wird ihr wenigstens nicht noch einmal passieren, nie wieder. Das hoffe ich jedenfalls, und dieser Gedanke macht mich glücklich, obwohl ich noch wochenlang an diese Frau denken muss. Es ist eines der wenigen Male, die ich meine Arbeit mit nach Hause nehme, aber auch das ist wichtig, um mir zu zeigen, wie wichtig meine Arbeit ist.

TEIL 1
SCHÄDLINGSBEKÄMPFUNG

Tierärztin

»Was willst du werden, wenn du groß bist?«
»Tatortreinigerin und Messie-Entrümplerin!«

Nein, das antworten Kinder nicht, wenn sie nach ihrem Berufswunsch gefragt werden. Sie wollen Piloten, Feuerwehrfrauen und Ballerinen werden. Keiner stellt sich vor, dass er später einmal die Überreste und den Müll anderer Menschen wegmacht. Auch ich nicht. Ich wollte Tierärztin werden. Ich habe Tiere schon immer geliebt, die Vorstellung, mit ihnen zu kuscheln, ihnen zu helfen, die gefiel mir. Als ich klein war, hatten wir einen weißen Schäferhund und heute habe ich zwei Katzen und unzählige Fische in zwei Aquarien. Mit Tieren kam ich immer besser zurecht als mit Menschen. Menschen, die können einen verletzen, und das mit voller Absicht, obwohl sie Verstand haben, obwohl sie sich selbst kontrollieren können. Tiere dagegen sind Tiere – wenn ein Hund zubeißt, liegt es in seiner Natur, ebenso wie es in seiner Natur liegt, treu zu sein. Trotzdem verlor ich den Wunsch, Tierärztin zu werden, aus den Augen. Ärzte und Ärztinnen, das wurden andere Menschen. Mir kam es überhaupt nicht in den Sinn zu studieren, aber ich wollte sehr gerne eine Ausbildung machen. Aber in welchem Beruf? Da war ich ratlos, so ratlos, wie Sechzehnjährige eben sein können. Deshalb bewarb ich mich auf so gut wie alles. Darunter war Tierarzthelferin, aber auch Industriekauffrau und Bürokauffrau, denn das hatte mir mein Vater nahegelegt, der selbst ein »Bürohengst« war. Aber ich wollte etwas anderes, nur was genau, konnte ich nicht sagen, und somit war ich in den Vorstellungsgesprächen wenig überzeugend. Manchmal zu stotternd, manchmal zu lässig, und am Ende schrieb ich über 200 erfolglose Bewerbungen. Nach einigen Monaten entschied ich mich dafür, nicht länger auf der Couch Trübsal zu blasen, sondern übergangsweise einen Nebenjob anzunehmen. So landete ich auf einem Weingut, aber nicht vor einem Glas Wein, sondern hinter dem Schreibtisch. Als Telefonistin kümmerte ich mich um die Terminierung für den Außendienst.

Etwa eineinhalb Jahre später kam die schöne Nachricht nicht mit der Post, aber von der Post: Ich würde Briefträgerin werden, wie es im Volksmund heißt. Die Ausbildung dafür dauerte zwei Jahre und auch das Berufsleben gefiel mir sehr. Ich war jung und hatte richtig Bock und richtig Spaß. Ich war viel an der frischen Luft und hatte das Training meines Lebens. In Berlin gab es viele Häuser, die keine Briefkastenanlagen hatten, und so musste ich oft in den vierten, fünften Stock sprinten.

Nach weiteren drei Jahren schickte ich selbst einmal ein Paket los. Darin befand sich ein altes Tonbandgerät mit zwei großen Spulen, einige kennen so etwas vielleicht noch. Es war auf dem Weg nach Hessen, zu einem Mann, der mit 28 Euro das Höchstgebot auf eBay abgegeben hatte. Wir schickten uns Nachrichten hin und her, aus Nachrichten wurden Treffen und aus Treffen eine Beziehung. So war ich wenig später selbst auf dem Weg nach Hessen. Ich organisierte alles von Berlin aus, damit ich weiterhin bei der Deutschen Post AG arbeiten könnte.

»Wie praktisch«, dachte ich – bei einer deutschlandweiten Firma wäre es ein Leichtes, sich versetzen zu lassen. Und siehe da, die Personaleinsetzerin meinte, das sei alles gar kein Problem, also stellte ich einen Versetzungsantrag und kündigte. Doch zwei Tage vor meinem Umzug sagte sie:

»Frau Fenske« – das ist mein Mädchenname – »das wird doch nichts.«

Wie, das wird doch nichts? Ich hatte mich auf ihre mündliche Zusage verlassen, außerdem hatte sie nie angedeutet, dass es Schwierigkeiten geben könnte. Hätte ich das gewusst, hätte ich niemals gekündigt. Hätte, hätte, Fahrradkette. Meine Personaleinsetzerin meinte, dass ich bleiben könnte. Doch jetzt saß ich auf gepackten Koffern und war bereit – und so brach ich mit 23 Jahren auf in die Ungewissheit, in ein Abenteuer.

Leider verlief der Neustart schwierig. Meine Ausbildung brachte mir nicht viel, wenn ich nicht bei der Post arbeiten konnte. Ich war praktisch eine Ungelernte. So verschlug es mich in die häusliche Pflege, aber das war eine kurze Zwischenstation. Ich befand mich in der Probezeit und wurde nach Absprache entlassen, da meine Mutter verstarb und ich mich um einige Dinge kümmern musste. Diese schwere Zeit überstand meine Beziehung leider nicht, und so war ich nicht nur arbeitslos, sondern auch allein. Doch ich wollte etwas reißen und die Chance, von Neuem anzufangen, ergreifen – noch einmal. Die Chance, die ich ergriff, war ein über sechs Jahre andauerndes Martyrium. Ich begann mit dem langweiligsten Job, den es gab: Telefonakquise. Ja, dieser war noch schlimmer als Telefonistin. Denn die Menschen am anderen Hörer begegnen einem mit purer Verachtung. Sie wollen nicht gestört werden, nichts verkauft bekommen und ich musste mir den Mund fusselig reden und dabei trotzdem freundlich bleiben. Dabei war mir überhaupt nicht nach einem Lächeln in der Stimme zumute.

Nach dem Tod meiner Mutter war es in mir ohnehin dunkel. Während ich versuchte, diese Trauer zu verarbeiten, flogen die Jahre nur so dahin. Manche sagen, man trauere ein Jahr, aber ich glaube, man trauert sein ganzes Leben, nur kann man irgendwann mit seinen Gefühlen besser umgehen. Lange Zeit konnte ich das nicht und ich wurde von einem Sumpf eingesogen, aus dem ich mich nicht selbst befreien konnte. Ich konnte den Blick einfach nicht auf die Zukunft richten und mich um einen neuen Job bemühen, der womöglich besser zu mir passte. Doch eines Tages konnte und wollte ich nicht mehr so weitermachen. Ich kündigte. Es gab keinen konkreten Auslöser, es war einfach so, dass jedes weitere Telefongespräch, in dem ich beschimpft wurde, ein weiterer Tropfen in einem Fass war, das nun überlief.

Mittlerweile war ich 29 Jahre alt und in einer neuen Beziehung in Bad Kreuznach. Dort ging ich zum Arbeitsamt. Ich wollte einen

Job, bei dem ich morgens leicht aus dem Bett käme. Die Sachbearbeiterin stellte mir jedoch nur einschläfernde Jobs vor und da fiel mir ein Aushang an der Pinnwand auf. Mein Blick wollte schon weiterwandern, aber dann las ich ihn noch mal.

Außergewöhnliche Ausbildungsplätze

Außergewöhnlich hört sich schon einmal nicht langweilig an, aber was ist wohl so außergewöhnlich, fragte ich mich, und etwas kleiner stand dort: *Schädlingsbekämpfung*.

»Geil« war mein erster Impuls. Ich spürte etwas, das ich lange nicht gespürt hatte: Aufbruch und Freude.

»Können Sie mir das bitte kopieren«, sagte ich zur Bearbeiterin. Mit dem Blatt in der Hand lief ich nach Hause und wenig später wurde ich auch schon zum Vorstellungsgespräch eingeladen. Dieses dauerte beinahe zwei Stunden, das hatte ich so auch noch nie, aber wir kamen gut ins Gespräch, und so durfte ich zur Probearbeit antreten, auch um zu sehen, ob ich mir einen solchen Job vorstellen konnte. Ja, ich konnte mir mich sehr gut als Kammerjägerin vorstellen. Schon als Kind war ich neugierig durch die Natur gestreift, hatte Kellerasseln beobachtet und Schnecken in die Hand genommen. Und ich hatte mich nicht wie andere Kinder vor Insekten und Kleintieren geekelt. Ich war nie ein Mädchen gewesen, das wegen einer Spinne an die Decke ging. Auch heute nicht. Mein Mann möchte die Spinnen reflexartig totschlagen, aber ich nehme sie vorsichtig und setze sie draußen aus. Auch Mäuse sind für mich Säugetiere wie du und ich, aber ich kann verstehen, dass man sie nicht im Haus haben möchte. Genauso wie Kakerlaken, Motten, Flöhe, Bettwanzen, Wespen, Tauben etc. Deshalb bekommen sie auch so ungnädige Namen wie Ungeziefer, Schädlinge oder Lästlinge. In der Ausbildungszeit liefen oder krabbelten sie mir gar nicht so oft über den Weg wie gedacht. Denn meine Haupttätigkeit bestand eher in der Prävention. Wir unterstützten Unternehmen darin, die Richtlinien einzuhalten. Und davon gibt es etliche. Sie werden in Gesetzen zur Lebensmittelhygiene festgehalten, im HACCP-Konzept (Hazard Analysis and Critical Control Points) und in anderen Auditierungsstandards wie beispielsweise dem International Food Standard. Konkret heißt das, dass wir alle drei Monate beispielsweise bei Fleischereien und Bäckereien vorbeigingen. Dabei mussten wir diskret vorgehen, fast wie Geheimagenten. Wir fuhren in Vans vor, die keinen Aufdruck hatten, und schlichen uns meist früh oder nach Feierabend hinein. Manchmal auch nachts, aber eher am Wochenende oder an Feiertagen. Dann kontrollierten wir den Befall über die installierten Monitorsysteme und in manchen Fällen vertrieben wir mit unseren Hilfsmitteln die ungebetenen Gäste. Das taten wir so versteckt, weil das Thema äußerst sensibel ist, beinahe rufschädigend, und besonders unsere vielen VIP-Firmen wollten jedes Aufsehen vermeiden. Wenn die Menschen auf uns aufmerksam geworden wären, hätten sie den Laden vielleicht gemieden. Dabei war es nur gut und richtig, dass wir kamen und vorsorgten. Andersherum wäre es schlimmer. Wenn wir nicht kämen, gäbe es die Probleme. Dann wäre es umso wahrscheinlicher, dass der Rattenkot im Kuchen landet. Und wenn es schon zu spät ist, dann sollte man unbedingt etwas unternehmen und nicht vor Scham stagnieren. Denn wenn beispielsweise ein Restaurant von Kakerlaken bevölkert wird, so erwartet man doch, dass die Leitung etwas dagegen tut, und zwar professionell, denn ein Insektenspray für 2,99 Euro löst die Probleme nicht. Und es ist dazuzusagen, dass ein Befall nicht immer selbst verschuldet und auf mangelnde Hygiene zurückzuführen ist. Das kann der Dönerbude genauso passieren wie dem Sternerestaurant. Gerade in denkmalgeschützten Häusern können Insekten schnell zur Plage werden. Oder die Lebensmittelmotten waren schon beim Einkauf in den Mehlwaren, und so schleppte man sie in die Küche. Oder der Speckkäfer ist durch das offene Fenster hereingeflogen oder die Silberfische fühlten sich durch das Klima wohl.

Ab diesem Zeitpunkt und mit diesem neuen Job ging es in meinem Leben bergauf. Denn zum ersten Mal merkte ich, dass mein Gegenüber froh war über mein Kommen, über meine Präsenz. Ich wurde nicht länger geächtet, sondern geachtet. Ich konnte helfen, war teilweise die Retterin in der Not. Außerdem baute ich menschliche Verbindungen auf, wir arbeiteten zusammen und auf ein gemeinsames Ziel hin. Doch auch wenn es beruflich besser lief, ging eine weitere Beziehung in die Brüche und ich hatte immer noch mit den Verlusten zu kämpfen. Meine Eltern waren beide fort, ich trank, ich aß und verhärtete emotional. Ich spürte nicht einmal Schmerzen, wenn ich mir beispielsweise den Zeh anstieß. Doch im nächsten Moment brach es aus mir heraus, all die Gefühle, die Tränen, wenn ich nur die Nachrichten schaute.

2012 kam ich in die Kur, auf eine psychosomatische Station. Ganze sieben Wochen lang konnte ich mich nun mir widmen und herausfinden, wie ich mich besser kontrollieren kann. Wie ich die Stärke in mir entdecken kann. Wie ich meinen Frust nicht länger mit Essen unterdrücke. Deshalb war ich dort. Und kurze Zeit später ging es mir tatsächlich besser. Einige andere Gäste und ich waren wie eine große Clique in einer Jugendherberge, bekamen ein Programm geboten oder saßen im Gemeinschaftsraum oder draußen zusammen, quatschten und lachten. Ich blühte auf in diesem geschützten Kokon ohne Erwartungen. Wie auch in den Sitzungen mit der Psychotherapeutin.

»Wenn du dir einen Mann backen könntest, wie wäre er?«, fragte diese, denn meine Beziehungen scheiterten kläglich, was wohl auch daran lag, dass ich Männer bevorzugte, die stark, auch willensstark waren. Alphamännchen. Da ich aber sensibel bin und trotzdem weiß, was ich will, und mich nicht ducke, funktionierte das nicht. Ich schrieb also eine Liste.

Der Mann, den ich brauche, sollte sanftmütig, organisiert, strukturiert und bodenständig sein.

Und da ist mir eines völlig klar geworden, es ist mir wie Schuppen von den Augen gefallen: In der Clique war ein Mann, auf den all diese Merkmale zutrafen. Man möchte jetzt meinen, es ist nicht die klügste Idee, sich einen Mann in der »Klapse« auszusuchen, aber er war ja nicht dort, weil er verrückt war. Er hatte Burn-out wegen seines Berufes als Lagerleiter. Jedenfalls hatte ich ihn in den vergangenen vier Wochen schon ganz gut kennengelernt – und auch mögen –, aber leider war er nicht mein Typ. Aber ich wollte ja nicht mehr nur nach körperlicher Anziehung entscheiden. Ich wollte eine erwachsene Beziehung, und so ging ich schnurstracks zu seiner Tür. Ich hatte nichts zu verlieren, ich spürte eine Freiheit, einen Mut, und so klopfte ich.

»Hey«, sagte er.

»Hey«, sagte ich.

»Ja, Mensch, ich würde es gerne mit dir probieren. Wie sieht es aus?« So etwas Ähnliches muss ich gesagt haben, ich erinnere mich nicht mehr gut, aber ich erinnere mich an die Fragezeichen in seinen Augen, wie er tief Luft holte und ich kurz darauf wieder ging, ohne Antwort. Eine Viertelstunde später kam er zu mir und machte etwas für ihn völlig Unvernünftiges. Er nickte. Ab da verbrachten wir noch mehr Zeit miteinander, spielten Badminton und feierten seinen Geburtstag. Wir gingen mit den anderen aus, es gab eine Hüttengaudi in einem Brauwerk mit Musik und dann nahm er meine Hand und ließ sie metaphorisch gesprochen bis heute nicht mehr los.

Warum ich das alles erzähle: Hätte ich diese Zeit nicht erlebt, die geilste Zeit meines Lebens, dann hätte ich vielleicht auch diesen Beruf nicht ausüben können. Damals die Schädlingsbekämpfung, dann die Messie-Entrümpelung und Tatortreinigung. Denn das sind herausfordernde Berufe, und wenn man eine so herausfordernde Persönlichkeit wie ich hat, ist das nicht immer leicht. Ich muss zugeben, dass ich mich schnell aus der Bahn werfen lasse. Aber jetzt hatte ich meinen Fels in der Brandung gefunden, deshalb sage ich auch gern »Fels der Liebe« zu ihm. Ich habe jemanden, der mich erdet und mich unterstützt. In allem, was ich für richtig halte.

Und es kam die Zeit, in der ich es nicht mehr für richtig hielt, die kleinen süßen Tierchen zu töten. Ich hatte Tierärztin werden wollen, nicht Schädlingsbekämpferin. Auch insgesamt machte mir das von Tag zu Tag weniger Freude, bis es in echte Unzufriedenheit umschlug. Ich hatte das Gefühl, diese Arbeit nie richtig ausführen zu können. Trotz Ausbildung war der Leitsatz »Learning by Doing«, auch Eiertanz genannt. Wie vertreibt man beispielsweise einen Siebenschläfer? Da gibt es so viele Dinge zu beachten. Wo befindet er sich? Wohin geht er? Sind meine Maßnahmen im Rahmen der Gesetze? Man muss dem Siebenschläfer seine Schonzeiten zugestehen und darf ihn lediglich in drei verschiedenen Monaten fangen. Zu oft fühlte ich mich, als würde ich in der Luft hängen, dabei hatte ich den Anspruch an mich selbst, gut zu sein, gute Arbeit zu leisten.

Als ich dann schwanger wurde, konnte ich dieses Ziel nicht weiterverfolgen, denn ich hatte ein neunmonatiges Beschäftigungsverbot. Da ich unter anderem mit Chemikalien und Insektiziden arbeitete, musste ich mich und mein Kind schützen. Also genoss ich das neue Leben mit meinem Ehemann und die Tatsache, dass ein neues Leben in mir heranwuchs. Ich schaffte es sogar, die Trauer über den Tod meiner Mutter zur Seite zu schieben. Jetzt wurde ich selbst Mutter, die glücklichste der Welt. Aber warum atmete mein Kind so komisch? Die Krankenschwester meinte, ich solle mir keine Sorgen machen, wenn etwas wäre, wüsste sie es als Erstes. Ich brachte ein Kind zur Welt und musste es wenig später unter die Erde bringen. Denn es wurde nur neun Tage alt. Es kam mit einem halben Herzen zur Welt und auch mein Herz fühlte sich nicht mehr ganz an. Bis dahin war es mir unvorstellbar gewesen, wie viel Liebe ein Mensch in sich tragen kann und was ein solcher Schicksalsschlag für einen Menschen bedeutet. Wie viel sollte ich noch ertragen? Meine Eltern starben, meine Tiere starben, ich wollte das alles nicht mehr. Das hatte ich nicht verdient, mein Mann nicht und dieser neue Erdenbürger auch nicht. Ich legte eine mehrmonatige Pause ein, stand bei Wind und bei Sturm an der Nordsee, ließ mich umwehen, fand aber auch wieder Halt. Besonders bei meinem Bruder in Berlin, und als ich es wieder zuließ, auch bei meinem Mann. Ein solcher Bruch kann auch Risse in einer Beziehung entstehen lassen, aber wir schafften es und deshalb werden wir auch alles andere schaffen.

Eine Selbstständigkeit wäre doch ein Klacks dagegen. Und das hatte ich mir jetzt in den Kopf gesetzt, denn ich wollte nicht mehr in den Betrieb zurück, ich ergriff die Flucht nach vorn und meldete ein Gewerbe an. Schädlingsbekämpfung. Ich haderte zwar immer noch damit, aber es war noch das kleinste Übel. Ich wollte nicht mehr als Telefonistin arbeiten, trotzdem begann mein neuer Lebensabschnitt am Telefon. Denn nachdem ich als ersten Schritt eine Homepage angelegt hatte, bimmelte das Telefon.

Rattenkönigin

Am Hörer ist ein Mann, ein Steuerberater. Er spricht deutlich und meint, dass er für einen Freund anrufe.

»Natürlich, ein Freund in Anführungszeichen«, denke ich.

Aber es wird schnell klar, dass er die Wahrheit sagt und es ihm ein Bedürfnis ist, etwas in Gang zu bringen. Denn sein Freund lebte in einem schlimmen Haus und sei gleichermaßen schlimm, weil er sich nichts sagen lasse. »Wie schlimm kann es schon sein?«, denke ich mir und lasse mir mehr Informationen geben. Es gebe einen Rattenbefall und das Haus müsse geräumt werden, ob das in unseren Tätigkeitsbereich falle. Ich biete ihm an, das Haus zu besichtigen und ihm anschließend gegebenenfalls ein Angebot zu machen. Denn wenn ich Ratten aus einem Haus bekommen kann, kann ich auch die Möbel rausbefördern und alles, was sich sonst noch angesammelt hat.

»Was sich sonst noch angesammelt hat« stellt eine echte Untertreibung dar. Das Einfamilienhaus ist bis unter die Decke vollgestopft. Ich fühle mich nach der Besichtigung wie David gegen Goliath. In diesem Haus sind bestimmt Millionen von Dingen, in einem normalen Haushalt wären es ungefähr zehntausend. Früher, vor über hundert Jahren, waren es im Durchschnitt gerade einmal 180 Dinge.[1] Der Mann, der hier lebt, müsste es wissen. Nicht, dass er schon hundert Jahre alt ist, aber über 70 wird er sein und somit ein Nachkriegskind. Von diesen weiß ich, dass sie einige Entbehrungen hinnehmen mussten. Es gab nicht einmal genug zu essen, wie sollte dann Geld für nicht überlebensnotwendige Anschaffungen da sein? Wenn sie also etwas besaßen, pflegten sie es, und später, als sich das Wirtschaftswunder ereignete, hatte man in der Familie auch etwas über für schönes Porzellan und hochwertige Taschenuhren. Aber so etwas schenkte man meist anderen Leuten – zu Hochzeiten zum Beispiel. Für sich selbst kaufte man lieber Dinge zu kleinerem Preis, es wäre ja unanständig, geradezu dekadent, einen Stapel Geldscheine auf den Tisch zu legen. Man hatte kein Geld, um es aus dem Fenster zu werfen, und alles, was man sich anschaffte, kostete viel Geld. Umso schwerer fällt es den Nachkriegskindern, sich von Objekten zu trennen. Auch heute noch. Nach dem Motto: »Das ist doch noch gut, nur ein bisschen Spucke – und schon ist es wie neu.« Socken wurden gestopft, altes Brot wurde in arme Ritter verwandelt. Solche Verhaltensweisen gaben die kriegsgebeutelten Eltern an ihre Kinder weiter, wie auch das Trauma. Damit gehen viele von ihnen ähnlich um. Sie sammeln. Das habe ich natürlich nur beobachtet, aber Experten geben mir recht, dass diese Generation dazu neigt, Gegenstände und Essen aufzubewahren, Vorräte anzuhäufen und dem Eigentum einen hohen Stellenwert zuzuschreiben. Sie leiden auch des Öfteren unter dem Messie-Syndrom.[2]

Das muss auch auf den Mann zutreffen, in dessen Haus ich mich gerade befinde. Ich bin keine Psychologin, aber die muss ich auch nicht sein, um das zu erkennen. Er sammelt nicht nur Eigentum, er sammelt Müll. Doch was mich am meisten schockiert, ist nicht die schiere Menge an Dingen, es ist der Rattenbefall, den der Steuerberater erwähnte – als wäre er zwar eklig, aber nicht weiter erwähnenswert. Ich frage mich, ob dieser das Haus überhaupt schon einmal betreten hat. Ich jedenfalls habe so etwas noch nie gesehen und werde in meiner gesamten zukünftigen Laufbahn nichts Vergleichbares erleben. Schon als wir zur Tür hereinkommen, schlägt uns der Ammoniakgeruch entgegen. So riecht der Urin von Ratten. Beißend. Der ganze Fußboden ist übersät mit Kot, Rattenkot. Kein Zentimeter ist sichtbar, es könnte Teppich darunter sein oder Laminat, ich weiß es nicht. Der Kot ist ein bis zwei Zentimeter lang, bananenförmig und mit spitzen Enden und liegt überall verstreut. Deshalb haben hier zweifelsfrei Hausratten oder Wanderratten gewütet, der Kot von Mäusen sieht anders aus. Aber sie haben nicht nur gewütet, sondern müssen immer noch da sein. Denn der Kot ist teils schwarz und trocken und teils bräunlich und glänzend, das heißt, das sind frische Kötel. Ratten sind menschenscheu und zeigen sich wenn überhaupt nachts, doch als ich über die Kartons steige, über die Unmengen an Verpackung, besonders die von Keksen und Chipstüten, höre ich ein Rascheln. Ich fahre zusammen, schaue mich um, und als ich mich wieder nach vorne drehe, flitzt etwas Graues über meine Füße, und ich sehe nur noch, wie der etwa 20 Zentimeter lange Schwanz unter einem Müllberg verschwindet. Menschenscheu sind diese Nager hier ganz und gar nicht mehr, sie haben sich an die Anwesenheit des alten Herrn gewöhnt – und er sich an sie. Doch auch wenn er es geschafft hat, immerhin die Couch frei zu lassen, ist das kein menschenwürdiges Leben. Auch in der Küche wäre ich fast auf ein Tierchen getappt, dort ist es am schlimmsten, sie leben dort, als hätten sie sich ihr Königreich erobert. Und ich wäre gern ihre Rattenkönigin, doch ich muss eine Rattenfängerin sein. Ich werde diesen Auftrag annehmen. Für diesen Mann, der es alleine nicht schafft. Und weil auch ich es alleine nicht schaffe, spanne ich meinen Mann und ein paar Helfer ein.

Am Tag des Einsatzes schauen mich alle so schockiert an, wie ich beim ersten Besuch schaute, aber ich spreche ihnen Mut zu. Wichtig sei nur, dass wir in kompletter Schutzausrüstung, Einweghandschuhen und mit Mundschutz arbeiten. Das rate ich allen, die in ihrem Keller oder Garten Rattenkot finden und ihn selbst loswerden wollen, auch wenn ich immer den Profi empfehle. Schon allein, weil die Ratten ja dauerhaft wegbleiben sollen, aber eben auch wegen der Gesundheit. Nagetiere oder ihre Parasiten können gefährliche Krankheiten auf uns Menschen übertragen. Die Pest ging im Mittelalter vom Rattenfloh aus und forderte 25 Millionen Todesopfer. Auch heute können wir uns bei Ratten mit Tuberkulose, Gelbsucht, Tollwut und dem Hantavirus anstecken, unter anderem dadurch, dass der Kot aufgewirbelt wird und kleinste Partikel eingeatmet werden. Wir trauen uns also in unserer Montur in das Königreich und tragen erst einmal alles hinaus, bevor wir uns um die Rattenplage kümmern.

Das Besondere an diesem Auftrag ist, dass wir Publikum haben, und damit meine ich nicht die Ratten. Normalerweise können wir in Ruhe unsere Arbeit erledigen, die Auftraggeber und die Betroffenen lerne ich in einem Vorgespräch kennen, jetzt aber sieht der alte Herr uns auf die Finger. Selten erfahre ich etwas über die Hintergründe, denn ich werde zum Aufräumen und nicht zum Plaudern angeheuert. Doch ich vernehme, dass die Ehefrau des Mannes an Krebs erkrankte, starb und ihn mit zwei Kindern zurückließ. Da waren die Kinder gerade einmal drei und sechs Jahre alt, noch nicht einmal eingeschult. Auf einmal war er nicht nur der Alleinversorger, sondern auch alleinerziehender Vater. Er zog die Kinder groß, aber entweder hat er etwas nicht richtig gemacht oder die mittlerweile erwachsenen Söhne danken es ihm nicht, denn er hat keinen Kontakt mehr zu ihnen. Außerdem war er Bauunternehmer und hat sich durch jahrelange harte Arbeit das Kreuz kaputtgemacht. Er leidet noch heute unter Schmerzen.

Als ich in der Küche stehe, die klebt und stinkt und bis obenhin voll mit Ratten und Müll ist, tut er mir leid. Er hat sechsstellige Gewinne im Jahr erzielt, für die Rente hat er sicherlich auch vorgesorgt. Und dann isst, ja man müsste fast sagen, frisst er vergammelten Quark aus dem Kühlschrank, weil er nichts wegschmeißen kann, nicht einmal die Dosen mit Suppen und Früchten, die sich um uns herum türmen und teilweise seit zehn Jahren abgelaufen sind. Und ich verstehe jetzt auch, warum der alte Herr schlimm ist, nicht nur, dass er selbst nichts entsorgen möchte, er lässt es auch mich und mein Team nicht tun. Schon beim Anblick des Containers beginnen ihm die Beine zu zittern. Ich gehe zu ihm hin und versuche, ihm klarzumachen, dass wir ihm nichts wegnehmen, sondern ihm etwas schenken möchten – Lebensqualität. Er nickt, wirkt ruhig und einsichtig.

»Ja, ich verstehe, verstehe«, sagt er, doch eine Viertelstunde später bekommt er einen Tobsuchtsanfall, wie kleine Kinder ihn bekommen. Der Mann hat eine leichte Form von Alzheimer, aber abgesehen davon muss es einfach zu viel für ihn sein. Er sieht nur, wie wir in sein Zuhause eindringen und alles hinaustragen, was er mühsam hereingetragen hat. Er fühlt sich bestohlen, obwohl das meiste schlichtweg Müll ist. Zwischendurch ist sein Freund vor Ort und spricht unentwegt mit ihm, mal mahnend, mal tröstend. Und dann, als ich glaube, dass der alte Herr verstanden hat, dreht er sich wieder um 180 Grad, nämlich auf einem Drehstuhl. Ich bekomme beinahe einen Herzinfarkt, als ich das sehe. Der Alte kann kaum krauchen, steigt dann aber tatsächlich auf einen Drehstuhl neben dem Container. Er könnte sich alle Knochen brechen, doch er will nicht hören. Er beugt sich über den Rand des Containers und holt alles heraus, was er als Schätze identifiziert: die eben erwähnten über zehn Jahre abgelaufenen Dosen und einen Stuhl. Woher er die Kraft nimmt, ist mir schleierhaft. Das wiederholt sich immer wieder, stundenlange Gespräche, und das ist nicht übertrieben, in denen auch ich ihn zur Seite nehme und ihm erkläre, dass viele Dinge leider kontaminiert, angenagt, kaputt, unbrauchbar sind. Er würde sich doch später auch besser fühlen, aber er ist so in Panik und von seinen Emotionen eingenommen, dass er überhaupt nicht begreifen kann, was ich von ihm will.

Das war mein erster Entrümpelungsfall, obwohl ich ausgebildete Schädlingsbekämpferin war. Später habe ich gelernt, was ich damals hätte besser machen können. Der Steuerberater wusste, dass sein Freund die Hilfe nicht annehmen möchte. Diese Information hätte ich abfragen sollen. Ich hätte herausfinden müssen, ob der Betroffene bereit ist, ob er es selbst will oder ob er genötigt wird. Deshalb hole ich mir heute immer die Einwilligung der Betroffenen, eine mündliche reicht aus. Wenn ich diese nicht bekomme, lehne ich den Auftrag ab, aber natürlich nicht ohne den Auftraggebern den Grund zu erklären. Es hat einfach keinen Sinn, wenn der Betroffene wie Don Quijote gegen Windmühlen ankämpft, das macht es schwieriger für alle Beteiligten, auch für den Kranken. Es ist wie mit jeder anderen Sucht. Wenn man einem Alkoholiker seinen Alkohol wegnimmt, kann man sehen, was passiert. Er wird sich daran klammern, wenn er nicht anderweitige Unterstützung bekommt und aus einer inneren Motivation heraus die Flasche zur Seite stellt.

Doch damals hatte ich noch keine Ahnung, wie man mit Messies umgeht, aber dafür mit Ratten. Als ich einen Schrank öffne, springen die Ratten nur so heraus. Die restlichen muss ich herausholen. Es ist fast wie Schafe zählen, eins, zwei, drei, vier, am Ende zähle ich 17 Stück. Wahnsinn. Dann hole ich die dreckigen Klamotten heraus und schaue, ob die Pressspanplatten ebenfalls verseucht sind, denn hier und da hat sich Schimmel gebildet – und da sehe ich es. Ein Nest. Die Rattenmutter hat ihren Kindern zwischen den Klamotten eine Mulde hergerichtet, dort drin liegen neun Rattenbabys. Alle eng zusammengekuschelt, die Schwänze wie dünne Regenwürmer. Noch sind sie ganz nackig und blind. Wo Augen entstehen, sind jetzt kleine graue Erhebungen. Ich rufe meinen Mann.

»Was soll ich denn jetzt machen?«, frage ich ihn, obwohl ich ganz genau weiß, was ich tun muss. Aber ich kann das nicht.

»Soll ich das übernehmen?«, fragt mein Mann und kommt schon mit dem Hammer. Lange fackeln tut er nicht.

»Stopp. Sieh sie dir doch mal an«, sage ich. Aber ich weiß, dass es unumgänglich ist. Diese Nachkommen werden erwachsen. Wenn unter den neun Babys nur fünf Weibchen sind, werden es innerhalb kürzester Zeit immer mehr. Ein Weibchen kann zwölfmal im Jahr bis zu 20 Junge werfen, auch wenn sie im Schnitt eher acht oder neun Junge bekommen. Aber wenn es sehr gut für sie läuft und schlecht für den Hausbesitzer, sind das 1200 neue Ratten im kommenden Jahr, und die übrigen Ratten vermehren sich möglicherweise auch noch und dann ist das hier kein Rattenkönigreich mehr, sondern pure Anarchie. Eigentlich ist es das schon längst. Sie machen die Vorräte unbrauchbar, lassen den Menschen hier in unmöglichen Zuständen leben und könnten ihn sogar krank machen. Und leider gibt es so etwas wie Rattentierheime nicht, auch wenn einige

Punker sich welche über die Schulter legen. Ich muss es tun, meinem Mann kann ich das nicht aufladen, schließlich bin ich hier die Schädlingsbekämpferin, und laut Gesetz darf nur ich das machen, da ich den Sachkundenachweis für das Bekämpfen von Wirbeltieren (gemäß § 4 Tierschutzgesetz) habe. Augen zu und durch. Gottfried Benn schrieb in einem Gedicht, dass ein Rattennest in einer Leiche gefunden wurde, und dieses Gedicht endet mit den Worten:

Und schön und schnell kam auch ihr Tod:
Man warf sie allesamt ins Wasser.
Ach, wie die kleinen Schnauzen quietschten![3]

Sie ins Wasser zu werfen wäre nicht fachgerecht, und mit einem Hammer auf ihre Köpfe zu schlagen auch nicht. Ich töte sie mit Gift, die anderen Ratten auch. Im Grunde ist es kein Gift, sondern es sind Chemikalien und man nennt sie Köder. Daneben gibt es auch noch Lebendfallen. Darin befindet sich Essen, das die Ratte anlockt, und wenn diese anbeißt, fällt die Tür zum Käfig zu. Aber bei den vielen Ratten in diesem Haus wäre das eine Mammutaufgabe, außerdem sind die Ratten in einem anderen Revier ohnehin schlecht überlebensfähig, und wenn doch, dann nur, weil sie so klug waren, sich einen anderen Haushalt zu suchen. Wenn man die Ratten in ihrem Revier belässt, also zu nah am Haus, können sie den Weg zurückfinden, sie wissen ja, dass dort eine Futterquelle auf sie wartet. Aber Privatpersonen können es versuchen, wenn sie die Nager partout nicht töten wollen, ich habe auch einen Tipp, wie die Ratten in die Fallen laufen: Sie lieben Nutella. Wer nicht? Dann gibt es noch Schnappfallen, die funktionieren ähnlich, nur dass sie zuschnappen und der Ratte im besten Fall das Genick brechen, damit sie nicht lange leiden muss. Doch ein Köder ist meiner Meinung nach die sicherste Art, sie loszubekommen. Da helfen auch nicht die zehntausend Hausmittelchen, die in Internetforen kursieren, etwa benutzte Katzenstreu in Stoffbeuteln für draußen oder

Kamille- und Pfefferminzöl, Gewürznelken, Oleanderblätter und Chilis für drinnen. Ich schwöre auf Ratron Pasten Power Pads mit dem Wirkstoff Brodifacoum. Das sind Vliestütchen mit einer blauen Paste, die geschützt im Raum ausgelegt werden. Optimal an den Kot- und Futterplätzen und an den Laufwegen, die erkennt man an Schleifspuren, weil das Fell Fett enthält. Wenn die Ratten wegen der Lockstoffe von der Paste fressen, gerinnt ihr Blut. Sie verhalten sich dann wie besoffen und man kann sie leicht fangen. Letztendlich verbluten sie von innen. Auch wenn sich das brutal anhört, soll diese Methode schmerzlos sein, ganz im Gegensatz zu Klebefallen ohne den Einsatz von Ködern, die für professionelle Schädlingsbekämpfer verboten sind.

Das Haus des alten Herrn konnte ich nach mehreren anstrengenden Tagen von den Ratten und von dem ganzen anderen unnötigen Ballast befreien. Und auch ich fühlte mich leichter. Denn ein neues Gefühl durchströmte mich, ein befriedigendes. Ich sah den wahnsinnigen Unterschied, dieses Vorher-Nachher, und ich merkte auch, Ratten zu töten machte mir weniger Spaß, entrümpeln umso mehr. Ich wusste jetzt, was zu tun war.

TEIL 2

MESSIE-ENTRÜMPELUNGEN

Löcher stopfen – Im Herzen

Ich wusste, was zu tun war. Der Auftrag mit den Ratten war schrecklich, denn kein Mensch sollte so leben müssen. Doch wie Rainer Maria Rilke sagte:

Alles Schreckliche ist in Wirklichkeit, in seinem tiefsten Sein,
vielleicht nur etwas Hilfloses, das Hilfe von uns möchte.

Ich konnte diesen Menschen unterstützen, wie langfristig es war, kann ich nicht wissen. Aber ich habe ihm die Hand gereicht, es gab ein Vorher und ein Nachher, das mich erfüllte. Ab jetzt würde ich mich Messie-Helferin nennen, das ist es auch, was ich auf unsere Einsatzfahrzeuge schreiben lasse. Das Erstaunliche ist, dass ich nicht nur anderen helfe, sondern auch mir selbst. Es ist wissenschaftlich erwiesen, dass Geben glücklich macht.[4] Wer kennt es nicht? Das gute Gefühl, wenn man einem Obdachlosen einen Kaffee bringt, wenn man einer Freundin beim Ausheulen zuhört, wenn man spendet. Ich. Ich kannte das nie so richtig. Das Schicksal anderer war mir lange Zeit scheißegal. Das kann ich nicht anders ausdrücken. Ich war kein Unmensch, ich hatte moralische Vorstellungen und auch Freundschaften. Aber ganz enge Bindungen fallen mir bis heute schwer, doch durch meinen eigenen Schicksalsschlag und durch die weiteren Erfahrungen mit Messies erlebte ich eine Veränderung. Ich spürte Empathie, der Mensch stand und steht bei meiner Arbeit im Vordergrund, das hört sich für mich manchmal selbst paradox an. Ich spürte eine ungeahnte Verbundenheit, dieses: »Wir sitzen im selben Boot.« Ich habe meine Probleme, ich hatte meine Probleme, und das haben Messies auch. Offensichtlich. Diese Einstellung lässt mich jedes Mal von Neuem das Vertrauen der Messies gewinnen, und das ist es, was sie am allermeisten benötigen. Einen Schutzraum. Den Zeigefinger bekommen sie oft genug gezeigt. In Fernsehsendungen werden sie als bemitleidenswerte Wesen, als Bodensatz der Gesellschaft, als skurrile Ausnahmeerscheinungen vorgeführt, und es ist ja teilweise auch skurril und interessant, aber ich frage nicht, wie es so weit kommen konnte, und ich verurteile auch nicht. Sie hören oft genug, wie sie sich nur so gehen lassen konnten, wie eklig, schlampig, schmuddelig und faul sie seien. Hat es etwas geholfen? Nein. Welche Auswege es gibt, werde ich im Epilog behandeln, doch hier möchte ich erst einmal begreifen, was es mit Messies auf sich hat. Sind sie wirklich faul, sind sie süchtig oder einfach nur krank? Was ist das sogenannte Messie-Syndrom überhaupt? Und warum spricht man immer von Messies, als wüsste man, worum es geht? Sind Menschen schon Messies, wenn sie ihr Geschirr nicht sofort wegräumen, wenn der Kleiderschrank überquillt, der Keller unbetretbar ist und sie nie das finden, was sie suchen?

Messies, den meisten ist dieser Begriff bekannt. Er hört sich irgendwie süß an, nach Nessie, dem Ungeheuer von Loch Ness. Aber genauso wie das Ungeheuer verniedlicht wird, wird das Problem nicht ernst genommen. Es gibt kaum wissenschaftliche Untersuchungen, keine evaluierten Therapien, keine klinischen Diagnosen, dabei leben schätzungsweise 1,8 Millionen Messies in Deutschland. Andere Zahlen sprechen sogar von drei Millionen.[5] Manche sprechen vom Messie-Phänomen, wiederum andere vom Messie-Syndrom. Es ist eine psycho-emotionale Befindlichkeitsstörung, so viel glaubt man zu wissen, aber offiziell ist diese nicht einmal eine Krankheit. Denn sie wird nicht in der Internationalen Klassifikation der Krankheiten (ICD-10) aufgelistet und somit auch nicht von den Krankenkassen akzeptiert. Sie sei eher den bereits bestehenden Krankheiten zuzuordnen. Doch einige Psychologen und Forscher fordern, das Messie-Syndrom als eigenständiges Krankheitsbild zu betrachten, da es gut von anderen Erkrankungen zu unterscheiden sei und seine eigenen Probleme mit sich bringe und somit auch eigene Lösungen brauche. Eine Studie der Albert-Ludwigs-Universität Freiburg unterstützt diese Annahme, sie folgert: »Die Hypothese, das Messie-Syndrom sei lediglich Symptom einer (verdeckten) psychischen Erkrankung, zum Beispiel Depression, kann zurückgewiesen werden. Die Studie legt eine Unabhängigkeit des Messie-Syndroms von anderen psychischen Erkrankungen nahe.«[6] In den Vereinigten Staaten ist man weiter, dort ist das Messie-Syndrom anerkannt und wird unter einem eigenen Punkt im Krankheitskatalog geführt. Dort wird es jedoch *Hoarding Disorder* genannt, also pathologisches Horten. Zwanghaftes Horten wird es im Übrigen im englischsprachigen Raum genannt, das Wort Messie hat sich dort nie durchgesetzt, obwohl es vom Englischen abstammt. *Mess* heißt so viel wie Chaos, Durcheinander, Unordnung.

Und das bestimmte das Leben der Sonderschulpädagogin Sandra Felton, die den Begriff geprägt hat. In den Achtzigerjahren gründete sie in den USA eine Selbsthilfegruppe mit dem Namen »Messie Anonymus« und machte den Begriff mit ihren Ratgebern wie zum Beispiel *Im Chaos werden Rosen blühen* einer breiten Masse bekannt. Als Mathematiklehrerin arbeitete sie logisch und strukturiert, aber in ihrem Zuhause in Miami ging es drunter und drüber. Ihr wurde klar, dass sie etwas tun musste, als ihr Küchenboden sich langsam auflöste. Dieser wurde feucht, aber es war nicht klar, wo die Feuchtigkeit herkam. Sie kam aus dem Schrank unter der Küchenspüle. Der Abfluss tropfte und Felton merkte das nicht, weil sie dort Zeitungen lagerte, die das Wasser aufsaugten. Sie entschied: Sie durfte nicht mehr sammeln. Auch ihren zwei Kindern zuliebe.

Aber Sammeln ist doch etwas Gutes, eine Kulturleistung, nicht wahr? Bibliotheken sammeln, Museen sammeln, Menschen sammeln. Schon seit jeher. Es heißt ja nicht umsonst Jäger und Sammler. »Nahrung zu sammeln, damit man in Zeiten der Not nicht verhungert, ist eine kluge Überlebensstrategie. Auch Waren zu sammeln, um sie eintauschen zu können, ist wohl der Beginn des Handels und des Wohlstands.«[7] Auch wenn man nicht vorhat, seine Sammlungen zu verkaufen, so ist es doch legitim zu sammeln, um sich daran zu erfreuen. Es gibt Menschen, die sich Fuhrparks mit Oldtimern oder Zimmer mit lebensechten Puppen einrichten. Sammlungen müssen auch nicht immer wertvoll sein, es gibt Menschen, die sammeln Erinnerungen, Muscheln oder Fussel, die sie in ihrem Bauchnabel gefunden haben (wirklich). Angelina Jolie beispielsweise soll die gebrauchten Pflaster ihrer Kinder sammeln.

Doch das hält sich alles noch in Grenzen, beim Messie-Syndrom ist es anders, es wird folgendermaßen beschrieben: »Die Betroffenen sammeln Dinge, die ihre Mitmenschen als wertlos oder überflüssig ansehen, und können sich nicht davon trennen. Daher versinken sie im Chaos – bei manchen werden weite Teile der eigenen Wohnung sogar unbegehbar.«[8]

Das Messie-Syndrom wird auch Wertbeimessungsstörung genannt. Denn Messies behalten nicht nur ein paar unnötige Pflaster oder Fotos, sondern am liebsten alles. Zu diesem Schluss kam die Studie aus Freiburg zusammen mit Veronika Schröter.[9] Welchen Wert hat eine 20 Jahre alte *Bravo* oder die erste Ausgabe des *Playboy*, genauso viel wie das Werbeprospekt von Aldi? Ein begehrtes Sammelgut sind tatsächlich alte Zeitungen oder Zeitungsausschnitte. Ich kümmerte mich einmal geschäftlich um eine Dame, die ein Papierarchiv angelegt hatte. Im Wohnzimmer, im Badezimmer, einfach überall wuchsen Altpapierstapel in die Höhe. So wirkte es auf mich, doch für sie waren es »Denkmäler für Aktivitäten und Vorhaben«[10]. Bei vielen Messies ist es so, dass sie mit den Gegenständen, die sie anhäufen, noch etwas vorhaben. Deshalb werden sie zuweilen auch als vielseitig interessiert und kreativ beschrieben, aber leider können die meisten ihre Ideen nicht umsetzen. Die überquellende Werkstatt besteht angeblich nur aus Ersatzteilen für Ersatzteile für die kaputten Autos auf dem Hinterhof. Und die zehntausend Kinderklamotten und die Tupperschüsseln sollen noch auf dem Flohmarkt verkauft werden. Die Dame mit dem Archiv meinte eben, sie wolle die Sachen noch lesen. Da wären interessante Berichte und Rezepte dabei. Alles wollte sie einzeln in die Hand nehmen und bestenfalls anlesen, obwohl vieles davon durch die Umstände in der Wohnung unlesbar geworden war. Zerknüllt, verdreckt und feucht. Denn es lagen unter anderem etliche Verpackungen mit vergorener Milch herum, auf die man trat oder die von allein auslief. Doch es ist schwierig, den Messies ihre Denkmäler wegzunehmen, wenn sie selbst es nicht wollen. Das hatten wir ja schon. Es bereitet ihnen beinahe körperliche Schmerzen. Es ist ihr Besitz. Aber wie sagt man so schön: Besitz besitzt. Sie werden von ihren Sammlungen beherrscht und haben Probleme, diese zu ordnen. So bekommt das Messie-Syndrom noch ein weiteres Synonym, nämlich Desorganisationssyndrom.

Aber Messies haben nicht nur Probleme mit dem Raum, sondern auch mit der Zeit. Sie können ihre Zeit schlecht einteilen, Termine und Fristen sind ihnen ein Gräuel, sie wollen nicht zu spät kommen, tun es aber doch. Und dieses Wollen, aber nicht Können durchzieht das Leben aller Messies. Sie wollen aufräumen, können es aber nicht. Auch in anderen Situationen sind sie oft handlungsunfähig. So verschieben sie wichtige Erledigungen, aber auch einfache Routinetätigkeiten, etwa die Post zu öffnen. In der Fachsprache nennt sich dies Prokrastination. Sie fühlen sich, als würde ihnen die Energie fehlen, als wären sie wie gelähmt.

Marianne Bönigk-Schulz vom Förderverein zur Erforschung des Messie-Syndroms e. V. hat vier Kernpunkte der Messie-Problematik aufgestellt, sie meint: »Messies sind dadurch gekennzeichnet,

- dass sie sich über einen langen Zeitraum blockiert und gehemmt fühlen,
- dass sie vorgefassten Ideen verhaftet bleiben,
- dass sie in einmal gelernten Gedanken und Reaktionen festgefahren sind,
- dass sie keinen Anfang und kein Ende kennen.«[11]

Natürlich muss das nicht auf alle Messies zutreffen, aber Bönigk-Schulz konnte diese Symptome bei Menschen mit Messie-Syndrom beobachten und außerdem weitere ausmachen, die über die bereits genannten wie Probleme mit der Wertbeimessung und der Prokrastination hinausgehen. So hätten sie Probleme mit der Aufmerksamkeit und mit dem Gedächtnis, der Tag werde zur Nacht und umgekehrt, sie könnten sich schlecht abgrenzen, reagierten aber sensibel auf die Bedürfnisse anderer (außer jenen der Angehörigen), es falle ihnen schwer, ihre Gefühle und Bedürfnisse wie zum Beispiel Angst und Stress wahrzunehmen und zu kontrollieren, sie neiten zu Zwangsdenken und Zwangshandlungen und hätten ein Selbstwertdefizit, sie verhielten sich außerdem antisozial und isolierten sich.

Doch das sind nicht nur Symptome, einige davon sind Folgen des Messietums. Viele kennen es ja selbst: Es klingelt an der Tür und man bekommt kurz Panik. Man bringt schnell den Teller in die Küche und schiebt ein paar Staubflusen unter den Teppich. Erst dann öffnet man die Tür. Und bei Messies ist es eben ähnlich, nur dass der Haushalt noch viel schlimmer aussieht. Und das ist Messies klar, ebenso, dass ihr Verhalten in der Gesellschaft nicht gut ankommt. Aber da sie blockiert sind und nichts daran ändern können, wählen sie die Isolation. Sie brechen Kontakte ab, verbieten ihren Kindern, Freunde zum Spielen mit nach Hause zu bringen, und lassen nicht einmal die engsten Bezugspersonen in ihre Wohnung. Wie Frau Prada, die über zehn Jahre keinen Besuch mehr in ihren eigenen vier Wänden empfangen hat. Sie ist übrigens auch ein Beispiel für noch ein anderes Messie-Merkmal. Sie sind oft »unauffällig, gepflegt und gemäß ihrer sozialen Zugehörigkeit gekleidet«.[12] Sie sind nicht irgendwelche Aliens, sie sind Menschen wie du und ich. Nur dass sie unter dem Messie-Syndrom leiden. Zwar kann man sagen, dass im Schnitt sehr viel mehr Frauen als Männer betroffen sind, nämlich 80 Prozent, und dass sie zwischen 40 und 50 Jahre alt sind, entgegen der früher verbreiteten Meinung, Messies gehörten der älteren Generation an.[13] Doch kommen sie in jeder Schicht, in jedem Beruf vor – das hat die Wissenschaftlerin Gisela Steins herausgefunden.[14] Egal ob Handwerker, Journalist, Staatsanwalt, Hausfrau. Sie können sogar außerordentlich erfolgreich sein. Umso mehr schämen sie sich für die Zustände in ihrer Wohnung. Dass das Selbstvertrauen bröckelt, ist dann ja auch kein Wunder. Denn sie wollen es ja schön haben, ein schönes Zuhause ist ein Grundbedürfnis jedes Menschen, aber sie können den Anforderungen, besonders ihren eigenen, nicht gerecht werden. Sie sind schlicht überhöht, deswegen machen Messies einfach gar nichts. Aus einer Tasse, die weggeräumt werden soll, wird in Gedanken ein Frühlingsputz, aber in der festgelegten Zeit ist das nicht möglich, deshalb bleibt sogar die Tasse stehen. Aus einer Tasse werden zwei und dann drei und bald alle, die man hat. Der Leidensdruck wird immer größer, sodass man bald gar nichts mehr macht – ein Teufelskreis. Die Messies fühlen sich hilflos und überfordert. Das ist ein weiteres wichtiges Merkmal dieser Störung, 80 Prozent fühlen sich überfordert.[15] Sie »leiden unter lähmenden Ängsten, großer Anspannung, Entscheidungsunfähigkeit und innerer Zerrissenheit, häufig begleitet von psychosomatischen Symptomen«.[16]

Da kann man sich fragen: Was war zuerst da? Das Huhn oder das Ei? Werden Menschen zu Messies, weil sie psychische Probleme haben, oder bekommen sie diese Probleme erst, weil sie Messies sind? Beides. Die Hälfte der psychischen Erkrankungen, die Messies haben, sind Folgeerkrankungen des Messie-Syndroms. Das fand eine von 2010 bis 2012 geführte Studie zum Messie-Syndrom heraus. Insgesamt hatten 76 Prozent der Probanden mit dem Syndrom seelische Störungen, vor allem Depressionen sowie Angst- und Zwangserkrankungen. Die restlichen 24 Prozent wiesen keine Anzeichen einer psychischen Störung auf, jedoch die typischen Messie-Symptome wie Scham, Kategorisierungs- und Ordnungsschwierigkeiten, Entscheidungsunfähigkeit im Generellen, aber eher im Sinne einer Wertbeimessungsstörung.[17]

Aus dieser Aufstellung ergibt sich, dass 60 Prozent ausschließlich am Messie-Syndrom erkrankt sind. Das heißt aber nicht, dass es aus dem Nichts entsteht, die Ursachen liegen in vielen Fällen ebenfalls in der Psyche, in der Seele. »Das innere Chaos, das sich nach außen zeigt«, so nennt es Bönigk-Schulz.[18] Diese Fälle sind meist schwerer, es gibt ja verschiedene Grade der Erkrankung. Es gibt Prä-Messies, Messies und Verwahrloste. Den »Prä-Messies« könne kein Krankheitswert zugeschrieben werden, »Messies« hingegen hätten beinahe immer Krankheiten wie Depression, Sucht, ADS, Körperbehinderungen oder Zwangserkrankungen. Und Messies dritten Grades, die »Verwahrlosten«, hätten oft diagnostizierbare Krankheiten wie Schizophrenie, Demenz oder Drogenmissbrauch.[19] Jemand, der also nur kleine Probleme damit hat, seinen Haushalt zu organisieren, ist vielleicht nur etwas gestresst, weil er im Job oder mit den Kindern sehr ausgelastet ist. Es kann ihm auch einfach an den richtigen Strategien fehlen. So ein leichter Messie ist die Erfinderin des Messie-Worts, Sandra Felton. Aber jemand, der zwischen Ratten und Müll wohnt, der versucht, etwas zu verarbeiten. Man kann also davon ausgehen: Je schlimmer es bei einem Messie zu Hause aussieht, umso schlimmer sieht es in ihm aus.

Diese letzte Stufe des Messie-Syndroms, die »Verwahrlosung«, wird in der Wissenschaft zuweilen auch als eigenständige Störung betrachtet. Sie nennt sich Vermüllungssyndrom. »Ob es sich bei dem ›Messietum‹ und dem Vermüllungssyndrom um das Gleiche handelt oder lediglich um zwei Phänomene mit einigen Überschneidungen und Berührungspunkten, ist unter Experten strittig.«[20] Die Rede ist jedenfalls von Menschen, die ihre Wohnung vermüllen, wie der Name des Syndroms es sehr anschaulich beschreibt. Überall liegen Verpackungen, Essen, alle möglichen achtlos hingeworfenen Dinge. Insekten bevölkern das Haus und aufgeräumt und geordnet wurde schon lange nicht mehr. Weder das Haus noch der Mensch selbst. Auch die eigene Hygiene wird vernachlässigt und das Ausüben einer Arbeit ist nicht mehr möglich. Im Gegensatz zu den

Menschen mit Messie-Syndrom sind sie blind für die Zustände, in denen sie leben.

Doch Vermüllung ist nicht gleich Vermüllung, der Arzt und Psychoanalytiker Peter Dettmering machte drei Kategorien aus:

- Wohnungen mit System, in diesen werden wertlose Gegenstände angeordnet, beispielsweise existiert ein Gangsystem wie das der Nagetiere.
- Wohnungen ohne System, Typ Müllhalde, in denen alles zugestellt ist, meistens auch die sanitären Anlagen und der Herd.
- Wohnungen, die unbewohnbar sind und in denen nicht nur Speisereste, sondern auch Urin und Exkremente keine Seltenheit sind.[21]

Weil das Haus eines Menschen mit Vermüllungssyndrom einer Müllkippe gleicht, wird diese Störung neben Vermüllungssyndrom auch Diogenes-Syndrom genannt, nach dem griechischen Philosophen Diogenes von Sinope, der um das dritte Jahrhundert nach Christus in einer Tonne lebte. Viele kennen die Anekdote: Der Feldherr Alexander der Große stattete Diogenes einen Besuch ab und bot ihm an, ihm einen Wunsch zu erfüllen. Diogenes hatte tatsächlich einen Wunsch, den er prompt äußerte: »Geh mir aus der Sonne!« Das zeigt seine Gesinnung, er entschied sich freiwillig für die Askese, die Enthaltsamkeit oder auch den Minimalismus. Doch vom Syndrom selbst war er nicht betroffen, er lebte aus anderen Gründen so. So ist ja auch nicht jeder schlampige Mensch ein Messie und nicht jeder verwahrloste Mensch vom Vermüllungs- oder Diogenes-Syndrom betroffen. Wenn Menschen im hohen Alter oder mit Behinderungen die Hygiene vernachlässigen, kann das an fehlender Hilfe liegen. Diogenes brauchte jedenfalls nicht viel, um glücklich zu sein. Die meisten Menschen, die Probleme mit ihrem Haushalt haben, sind jedenfalls keine Messies.

Auch ohne Studium der Psychologie habe ich das bei meiner Arbeit längst verstanden und erkennen können. Wenn ein Entrümpelungsunternehmen gebraucht wird, dann ist die Krankheit sehr weit fortgeschritten. Darüber hinaus habe ich gemerkt, dass diese Menschen metaphorisch ausgedrückt Löcher im Herzen haben. Sie leiden unter irgendetwas, das ihnen widerfahren ist. Es gibt lebensgeschichtliche Ereignisse, wie Prof. Dr. med. Volker Faust von der Arbeitsgemeinschaft psychosoziale Gesundheit sagt, die den Betroffenen aus der Bahn geworfen haben. Beispiele seien »plötzliche Trennung, Scheidung, Todesfälle, körperliche Erkrankungen, gesellschaftliche Einbußen, Diskriminierungen, erlittenes Unrecht«.[22] Besonders Verlustsituationen könnten ein Trauma verursachen, das bis zur Vermüllung führt. Wenn man beispielsweise geliebte Menschen oder seine gesellschaftliche Stellung verliert. Diese Leere versuchen sie zu füllen, die Löcher versuchen sie zu stopfen. Alkoholiker betäuben sich mit Alkohol, Essgestörte mit Essen und Messies eben mit Dingen. Und da Messies auch zu Sucht neigen, kann es sein, dass sie sogar alles ausprobieren.[23] Essen, Arbeit, Nikotin, Telefonieren, Fernsehen, Drogen. Die meisten von uns tragen eine Dunkelheit in sich, die sie ganz tief in sich verstecken möchten. Jeder hat sein Loch, das er stopfen muss, damit es nicht mehr wehtut. Und bei Messies ist dieses Loch besonders groß, deshalb passen dort auch viele Dinge rein. Ich denke, das ist es, weshalb ich von Anfang an das Gefühl hatte, dass wir im selben Boot sitzen. Manchmal sage ich auch so etwas zu den Messies wie:

»Mein Boot ist Adipositas, deines das Messie-Syndrom.« Um es weiterhin metaphorisch zu halten: Diese Krankheiten, die Süchte, geben einem nur das Gefühl, in einem Boot, in Sicherheit zu sein, aber in Wirklichkeit schwimmt man. Und manchmal, in klaren Momenten, merkt man das auch. Viele Dinge können einem keinen Halt geben, sie gaukeln einem das nur vor. Sie umarmen einen nicht und sie können auch nicht alles für einen erledigen. Träumen und sich entfalten zum Beispiel. Ich bin kein Optimist, aber jedes Mal, wenn ich zu einer Baustelle ausrücke, so nenne ich die Häuser der Messies, dann bin ich mir sicher, dass wir das schaffen, dass ich für einen kleinen Lichtblick sorgen kann und die Menschen in Würde leben können. Mein Mann meint, das Wort Baustelle sei unpassend, wenn man jedoch die Wohnungen und Häuser von Messies sieht, dann erscheint das gar nicht mehr so unpassend. Wenn man sich jahrelang zurückgezogen hat, heißt das auch, dass Handwerker an der Tür abgewiesen oder nicht einmal angerufen werden. Alles tropft, ist verstopft und in desolatem Zustand. So wie ich die Messies verstehe, verstehe ich auch den Unmut ihrer Vermieter. Einige von ihnen haben ihr ganzes Leben gespart, um eine Wohnung kaufen zu können, damit sie beispielsweise im Alter abgesichert sind, und dann wird ihr Hab und Gut, ihr Geld verbrannt. Ich hatte einen Fall, bei dem die Vermieter drei Jahre lang ergebnislos klagten, die Wohnung wurde in der Zwischenzeit immer modriger, die Nachbarn konnten den Gestank im Flur kaum ertragen. Überall war Schimmel, riesige schwarze Flecken an den Wänden, die Sanitäranlage tropfte und schließlich musste er die Wohnung doch räumen. Manchmal führt es dann leider auch dazu, dass Messies obdachlos werden. Deshalb bin ich froh über jeden Menschen mit Messie-Syndrom, der den Mut aufbringt, sich Hilfe zu holen, der mich auf seine Baustelle holt. Denn eine Baustelle ist kein Zuhause, aber aus ihr kann wieder eines werden.

Dafür müssen die Betroffenen aber auch verstehen, dass sie krank sind, und aufhören, sich fertigzumachen. Jeder Messie ist ein Mensch und kein Mensch ist gleich, auch wenn ich in meiner Arbeit verschiedene Typen von Messies erkennen konnte, aber vielleicht hilft das auch, sich wiederzuerkennen und zu sehen: »Ich bin nicht allein.« Ich konnte sechs Arten von Messies ausmachen.

- **Der Perfektionist**
  Den Perfektionisten oder die Perfektionistin hatten wir ja schon. Er hat meist einen guten Job, ein gepflegtes Äußeres, hat für alles

einen Plan, aber nicht für sein Heim. Dieses hinkt seinen Vorstellungen hinterher. Er ist hart zu sich selbst und schämt sich dafür, dass er es so weit hat kommen lassen und nichts daran ändern kann.

- **Das Kind**
  Es gibt viele Betroffene, denen man anmerkt, dass ihnen in ihrer Kindheit irgendetwas gefehlt hat. Sie erwähnen oft die schlechte Beziehung zu ihren Eltern. Manchmal hassen sie sie, aber sie wünschen sich doch alle das Gleiche: Anerkennung. Aber gerade wenn die Eltern nicht mehr da sind, ist das nicht so einfach. Sie suchen das Glück in den Gegenständen. Sie lieben Deko oder ihren Metallschrott. Sie neigen dazu, alles festzuhalten. Auch Müll.
- **Das Eichhörnchen**
  Das Eichhörnchen tut es seinem Namensgeber gleich, außer dass dieser Typus nicht Haselnüsse in rauen Mengen sammelt … vielleicht aber doch. Denn Vorrat ist sein Spezialgebiet. Alles ist in dreifacher Ausführung vorhanden, Geschenke werden im Voraus gekauft und vergessen, Geschenke, die einem nicht gefallen, werden behalten. Klamotten, die zu klein sind oder das letzte Mal mit 15 Jahren passten, werden aufbewahrt: für den Fall, dass. Genauso wie Kabel oder Ersatzteile, falls eine Reparatur notwendig werden sollte. Dinge werden im Sale gekauft, war ja ein Schnäppchen und kann man irgendwann gebrauchen. Doch das Irgendwann, die schlechten Zeiten kommen nie, und wenn doch, kommen noch doppelt so viele Sachen hinzu. Nicht dass noch etwas ausgeht.
- **Der Chaot**
  Der Chaot oder die Chaotin ist wie das weiße Kaninchen aus *Alice im Wunderland*, er hat keine Zeit. Er fühlt sich gehetzt und es kommt ihm so vor, als könne er gar nicht so schnell reagieren, wie die Unordnung in seiner Wohnung entsteht. Ein bisschen wie bei Tetris, wo die Sachen sich immer höher stapeln. Er versucht immer wieder aufzuräumen, auszumisten und verzettelt

sich dann doch. Er fällt völlig erschöpft ins Bett und am Morgen geht es von vorne los. Überall ist etwas zu tun! Die totale Überforderung. Aber immerhin schafft er es, einige Handgriffe zu machen, sodass es nur chaotisch und nicht dreckig ist oder allerhöchstens so dreckig wie in manchen Studentenwohnungen.

- **Der Träumer**
  Dieser Typ träumt sich mit den Dingen, die er im Übermaß hat, fernab der Realität in andere Welten. Er besitzt zu viele Bücher, Videospiele, Briefmarken. Er ist ein richtiger Sammler, streift über Flohmärkte und freut sich über jedes neue Objekt, weiß aber dann nicht, wo er es noch unterbringen soll. Oder er sammelt Erinnerungsstücke und träumt sich in die Vergangenheit. Auch sind Visionäre unter ihnen, die auf jedem Stapel ein anderes Projekt beginnen und nicht zu Ende bringen.
- **Der Verzweifelte**
  Er merkt nicht einmal, wie verzweifelt er ist. Doch diesem Typ liegt eine krankhafte Störung zugrunde. Er isst verdorbene Lebensmittel, kann nichts, überhaupt nichts wegwerfen und auch nicht mehr sauber machen. Er isoliert sich und verwahrlost immer mehr. Teilweise uriniert und kotet er in seine eigenen Räume.

Natürlich können sich die Typen auch überschneiden, so ist das mit allen Kategorien, dennoch kann der eine oder andere Typ in den folgenden Beschreibungen meiner spektakulärsten Fälle erkannt werden.

An der Grenze

Manche beklagen sich, dass Regen scheiße sei. So etwas sagt man nicht? Richtig, aber auf dieser Baustelle fluche ich mehr als auf jeder anderen. Denn wenn andere schlechte Laune wegen des Wetters bekommen, darf ich mich ja wohl darüber beschweren, wenn Exkremente von der Decke regnen. Aber beginnen wir von vorn.

Die Besichtigung verläuft äußerst angenehm, die Frau ist sympathisch. Wir machen erst ein wenig Small Talk, um miteinander warm zu werden. Sie erzählt mir, dass sie Lehrerin sei. Über eine Stunde unterhalten wir uns vor der Tür. Es ist mir wichtig, dem Menschen als Menschen zu begegnen, ihm Scham und Angst zu nehmen, ein Vertrauensverhältnis aufzubauen. Aber hier geht es gar nicht um sie, sondern um ihre Mutter. Diese sei leider mit Anfang 60 verstorben und habe das Haus in einem schlechten Zustand hinterlassen. Jetzt gehöre es ihr, und sie erzählt mir von ihren Überlegungen. Soll sie es vermieten oder doch selbst darin wohnen? In dem Haus hatten schon ihre Großeltern gelebt, es ist das Haus ihrer Kindheit. Das könne sie nicht einfach an fremde Menschen verkaufen. Sie wolle es lieber sanieren, aber davor müsse es entrümpelt werden. Als ich es sehe, rate ich ihr: »Verkaufen Sie das Haus.« Natürlich mit mehr Fingerspitzengefühl, aber da sie schon nach meiner Meinung fragt, sage ich es ihr. Das Haus ist wirklich abrissreif. Schon als wir zur Tür hereinkommen, sehe ich die abblätternde Tapete. Das Muster ist nicht schwarz gesprenkelt, sondern das ist Schimmel, oben links bildet dieser einen großen schwarzen Fleck. Wir gehen die Treppe hoch, auf der vereinzelt Dinge liegen. Prospekte, ein Regenschirm, eine Kaffeekanne mit rosa Blumenmuster. Das Geländer besteht aus einer roten Kordel mit goldenen Endeinfassungen. An der Wand hängen Kerzenhalter mit langen dunkelroten Kerzen, es hat etwas Gruseliges an sich, auch die Waschküche, in der das Licht flackert und die Lumpen von der Decke hängen. Es wirkt wie ein verlassenes Haus, in dem einmal ein Sonderling lebte, oder als wäre es eine Filmkulisse. Damit will ich der Betroffenen nicht zu nahe treten, es ist das, was mir in den Sinn kommt, wenn ich all das sehe. Und was ich sehe, ist über alle Maßen verstörend. Den vollen Wäschekorb im Bad bin ich gewohnt, eigentlich bin ich nicht einmal Wäsche im Wäschekorb gewohnt. Auch dass die Regale voll sind sowie das Waschbecken, in dem eine Wachstischdecke mit Bärchen liegt – das ist nichts Außergewöhnliches. Aber die Plastiktüten. Sie bedecken den ganzen Boden, häufen sich, blaue und weiße Tüten. Einige sind mit einem Knoten verschlossen und durch alle schimmert etwas Bräunliches hindurch. Vom Geruch her zu urteilen, weiß ich sofort, was das ist. In den Tüten befinden sich Exkremente, die auch auf den Boden und über die anderen Tüten ausgelaufen sind. Die Tochter hatte mich zwar schon darauf vorbereitet, aber wenn man es sieht, ist es noch einmal etwas anderes. Die Frau, die hier wohnte, ging über Jahre hinweg nicht mehr auf die Toilette. Wenn sie ihrem natürlichen Bedürfnis nachgehen musste, tat sie das auf diese Weise. Als in das Badezimmer kaum noch eine Tüte passte, machte sie im Esszimmer und im Schlafzimmer weiter. Sie hat neben diesen Tüten gegessen, geschlafen, gelebt.

Sogar um während der ersten Besichtigung nur hier entlangzulaufen, brauche ich meinen Anzug. Davor mache ich jedoch immer eine Geruchsprobe, auch bei Tatorten. Diese dient dazu, einschätzen zu können, wie schlimm es ist, welche Strategien der Reinigung ich anwenden sollte. Desinfizieren muss ich eigentlich immer, da gehe ich durch die Räume und sprühe die Flüssigkeit gleich am Anfang auf alles, was rumliegt, das macht meine Arbeit einfacher. Wie der Anzug. Manche halten ihn für übertrieben, sie sagen: »Nein, Sie können auch ohne rein, dafür brauchen Sie keine Vollmontur.« Aber ich bestehe darauf, ich muss alle Gefahren von mir abwenden, damit es meinem Kind auch gut geht. Mein Immunsystem konnte sich nicht an die Mikrobiologie gewöhnen, und es ist auch psychologisch ein gutes Gefühl, einen Schutz zwischen sich und den zumeist unhygienischen Zuständen zu wissen. Viele sind sich der gesundheitlichen Gefahren einer solchen Umgebung nicht bewusst. Besonders für die Atemwege sind Messie-Wohnungen und -Häuser ein Problem. Ich erinnere mich an einen speziellen Fall.

Ein Winzer hatte eine Eigentumswohnung an eine Dame vermietet, die seit Monaten die Miete nicht gezahlt hatte. Er war berechtigt, die Wohnung zu räumen. Bei der Besichtigung kam mir Schimmelgestank entgegen, aber dafür ich bin gewappnet. Ich machte dem Eigentümer ein Angebot, doch er wollte sparen und schickte letztendlich seine polnischen Erntehelfer ins Haus, die ohne professionelle Vorkenntnisse und natürlich auch ohne Schutzausrüstung das Haus leerten. Ich dagegen sehe aus wie einem *Ghostbusters*-Film entsprungen. Bei manchen Arbeiten reicht eine FFP3-Atemschutzmaske mit Filter. Bei schwereren Fällen brauche ich die Maske mit Atemschutzgebläse, das ich um die Hüfte trage. Durch den Schlauch wird mir kalte Luft ins Gesicht geblasen und ich kann arbeiten, ohne etwas zu riechen. Dadurch, dass die Maske vorn komplett mit einem Plastikeinsatz versehen ist, wie bei Schweißern, bekomme ich noch mal gefühlt einen extra Meter Abstand. So kommen Ekel und Übelkeit nie auf, damit habe ich wirklich nicht zu kämpfen. Ich bin einfach resistent. Aber man soll ja niemals nie sagen. Denn heute ist alles anders.

Ich bin im sechsten Monat schwanger, vielleicht sind meine Sinne deshalb geschärft und meine Ekelschwelle ist niedriger. Es ist ja auch klug, dass die Natur versucht, mich auf Abstand zu halten, wenn ich ein so fragiles Wesen in mir trage. Aber vielleicht ist auch der Auftrag an sich eine ziemlich harte Nuss und es wäre mir so oder so schwergefallen. Wie ich es drehe und wende, das ist mein Job und diese Nuss muss ich knacken. Ich nehme eine Tüte hoch, um sie wegzuwerfen, und dann macht es platsch. Es läuft mir vor die Füße. Gut, dass wir auch Schuhschoner haben. Ich nehme die zweite Tüte hoch, diesmal ganz vorsichtig, noch vorsichtiger als ein rohes Ei. Platsch. Das gibt es doch nicht! Das ist unerträglich. Die dritte Tüte kann ich in eine größere Tüte werfen, doch immer wieder reißen sie auf, weil die Zeit sie schon so porös gemacht hat. Ich mag gar nicht hinsehen, das Braun, die Stückchen, ich weiß nicht, ob ich heulen oder fluchen soll. Fluchen. »Scheiße, verdammte Scheiße, überall. Mann. Das ist ja zum Kotzen.« Nachdem ich die Tüten aus dem Badezimmer entfernen konnte, muss ich nun an den Boden ran. Die Frau hat Zeitung untergelegt, bestimmt vier Zentimeter hoch, damit diese die Flüssigkeit aufsaugt. Sie hat ein bisschen mitgedacht, im Rahmen ihrer Möglichkeiten. Natürlich wäre die beste Lösung gewesen, die Toilette zu benutzen. Besonders da diese nicht einmal zugestellt und in für die Generation ansprechender Muscheloptik gestaltet ist. Aber ich bin nicht in ihrem Kopf gewesen, habe nicht gesehen, was ihr widerfahren ist, warum sie das tat, warum sie das tun musste. Ich war nicht in ihrem Kopf, aber vielleicht jemand anderes. Sie litt unter Schizophrenie und hat mit der Zeit die Kontrolle verloren. Karl Lagerfeld wird oft zitiert, wenn auch mit Augenzwinkern: »Wer Jogginghosen trägt, hat die Kontrolle über sein Leben verloren.« Trotzdem ist dieser Satz ein Schlag ins Gesicht für alle Menschen, die große Probleme haben und sich darum sorgen, ihre gesellschaftliche Stellung zu verlieren, wenn sie sich öffnen und Hilfe beanspruchen.

Zurück zu den Zeitungen, die sind nass, aber auch teilweise eingetrocknet, sodass Seite an Seite klebt und sich alles in einen Zementboden verwandelt hat. Ich versuche reinzugreifen und zu ziehen, aber es tut sich nichts. Ich muss die Zeitungen in kleine Quadrate hacken und vom Boden spachteln, in solchen Momenten ist mein Job kein Traumjob. Ich bücke mich stundenlang über die braune Brühe, und als ich fertig bin, sehe ich das Ausmaß der Zerstörung: Die Fliesen sind an einer Stelle kaputt und der verflüssigte Kot und der Urin sind hineingesickert, durchgesickert. Da ist es kein Wunder, dass im Badezimmer darunter Scheiße von der Decke tropft. Es ist viel zu tun hier.

Im Esszimmer ein ähnliches Bild, ich gehe durch den Türrahmen, die Tür ist ausgehängt und liegt quer auf dem Boden, vor dem braunen Holzschrank, in dem ein fleckiges Nachthemd hängt. Die Tüten mit den Fäkalien sind direkt um den Esstisch herum platziert. Auf ihnen liegen Verpackungen: Butter-Spritzgebäck. Die Fläche des Tischs ist bedeckt, ich entdecke mehrere Einkaufszettel. Puder, Brot, Wurst. Ich frage mich, ob sie noch einkaufen gegangen ist. Wenn die Wohnung so gestunken hat, wird auch ihre Kleidung entsprechend gerochen haben, höchstwahrscheinlich auch sie selbst. Ansonsten stehen auf dem Tisch noch aufeinandergestapeltes Geschirr, eine Eierschachtel, Gläser. Ich wundere mich, dass jedes Glas ausgewaschen ist. Bis auf das, in dem Rote Bete war. In einem Glas sehe ich auf Anhieb 50 Euro, da sind mehrere Scheine drin, die ich der Tochter übergebe. Die Tochter sagt, sie würde gerne vorbeischauen und mit anpacken, es würde ihr helfen, mit ihrer Mutter abzuschließen. Sie hatten kein gutes Verhältnis zueinander, die Mutter habe sie nicht gut behandelt, aber sie sagt nicht, ob die Mutter schon ein Messie war, als die Tochter noch im Haus lebte. Zumindest in der letzten Stufe der Vermüllung war sie nicht. Wenn das Chaos nicht wäre, würde das Jugendzimmer aussehen wie jedes andere. Die Mutter hat sich hier zurückgehalten, zwar hat sie Kartons und Kisten hineingeworfen, aber keine organische Materie, keine Fäkalien, keine vergammelten Lebensmittel. An den Wänden hängen Lichterketten, ein Schmetterling, Poster. Die Tochter muss ein Basketballfan gewesen sein. Auf dem Schreibtisch liegen ein Laptop und der *Große Weltatlas*. An der Seite zum kleinen Bett hin klebt ein gut sichtbares pinkes Post-it, auf dem in Schreibschrift geschrieben steht: *What is done cannot be undone.* Das ist ein Satz aus Shakespeares *Macbeth* und heißt so viel wie: Was passiert ist, ist passiert. Jetzt muss es weitergehen. Die Tochter zog aus, das Kelly-Family-Poster aus den Nullerjahren hängt noch, nur falsch herum, auf dem Kopf. Ihr Leben sollte niemals kopfstehen, sie würde nicht wie ihre Mutter werden, sie entwickelt sogar einen Putzfimmel, wie sie erzählt.

Bei einem anderen Fall war es genau anders herum. Ich kümmerte mich um die Wohnung eines älteren Herrn, der in ein Pflegeheim musste. Er hatte sieben Kinder und die wussten alle nichts von seinen häuslichen Umständen, Chaos bis zur Vermüllung. Die Tochter, die uns beauftragte, erzählte jedoch, dass sie die gleichen Sammlertendenzen hatte. Woher das kam, keine Ahnung, sie hielt sich sehr bedeckt, ganz im Gegensatz zu der Tochter, der Frau im Plastiktütenfall. Sie erzählt und beklagt sich immer mehr.

Anfangs war sie mir sympathisch, doch sie beginnt mich anzustrengen. Sie ruft in immer kürzeren Abständen an und sagt, sie würde so gern kommen, und ich frage mich, ob ich ein Déjà-vu habe. Ich sage ihr, sie kann gern kommen, wann sie möchte, und wenn nicht, würden wir unsere Arbeit trotzdem machen. Immer wieder kommt sie mit Ausreden, nach denen ich nicht gefragt habe.

»Mein Zeh tut weh«, sagt sie.

»Aha«, sage ich.

»Ich bin heiser«, sagt sie mit hoher Stimme.

»Sprechen Sie mal eine Oktave tiefer«, sage ich und dann kann sie auch wieder normal reden.

Ich komme immer gut mit Angehörigen und Betroffenen zurecht und auch hier läuft es, aber ich muss mich zusammenreißen. Die Bedingungen sind schwer – und dann auch noch die Tochter. Als sie es zur Baustelle geschafft hat, schaut sie mir über die Schulter und redet und redet. Gut, sie hat Redebedarf, sie braucht Aufmerksamkeit, ich gehe auf sie ein. Ich bin froh, als ich Briefe und Tagebücher ihrer Mutter finde, so kann ich die Tochter in einem Sessel parken, auch wenn es nicht die gemütlichste Umgebung ist, aber so ist sie wenigstens beschäftigt. Fast, denn sie spricht mit sich selbst, mit der toten Mutter.

»Ja, ist klar, dass du das so empfindest!«

Sie lacht schallend und ruft immer wieder etwas zu mir herüber. Ich bin froh, wenn das alles vorbei ist, über eine Woche bin ich vor

Ort, und als ich fertig bin, bin ich fertig. Ich spüre die Anstrengung bis in die Knochen und habe ständig die Bilder vor meinem inneren Auge. Ich frage mich, ob ich einen solchen Fall erneut annehmen würde.

Einen ähnlichen Fall lehnte ich ab. Mich rief ein ganz junger Mann an, um die 23 Jahre alt, und sagte, ich solle mich nicht wundern, wenn ich zur Besichtigung käme.

Wieso? Die Tapeten seien braun. Als ich dann vor Ort war, versuchte er sie noch mit Plastiktüten abzuhängen, aber ich sah trotzdem, dass das keine Farbe war. Der Typ an sich war mir nicht ganz geheuer, ich kann nicht genau sagen, woran es lag, das war einfach so ein Gefühl, mit der Zeit entwickelt man ja Menschenkenntnis.

Aber einen anderen Fall, wo die Frau, wie dieser junge Mann auch, ihre eigenen Ausscheidungen in die Hand nahm und überallhin schmierte, den nahm ich an. Sie gehörte gleich zwei Messie-Typen an: das Kind und die Verzweifelte. Sie war um die 30 Jahre alt und mit einer Persönlichkeitsstörung in die psychiatrische Klinik eingewiesen worden. Schon ihre Mutter sei psychisch labil gewesen, erzählt mir mein Auftraggeber, ihr Bruder. Ihre Kindheit war schwierig, seine ältere Schwester sei der Puffer zwischen ihm und der Mutter gewesen, es habe oft Streit gegeben. Der Bruder ist verärgert, fassungslos und beschämt, und trotzdem möchte er sie, wenn sie aus der Klinik kommt, zu sich nach Köln holen. Wir packten alles in Umzugskartons und die Eigentumswohnung wurde verkauft. Was aus ihnen wurde, weiß ich nicht.

Dafür weiß ich jetzt die Antwort auf die Frage, ob ich einen solchen Fall wieder annehmen würde: Ja. Das ist mein Job, ich lebe davon, und wenn ich es nicht mache, wer soll es dann machen?

Ein Zimmer voller Windeln

Der Hausflur ist der erste Raum, den die Gäste betreten, er hinterlässt den ersten Eindruck. Ich sehe eine sonnengelbe Kommode, eine fröhliche Farbe, doch der Rest stimmt so gar nicht fröhlich. Auf dieser Kommode türmen sich Kartons von Tiefkühlpizzen, in den anderen Ecken Verpackungen von Eis und Schuhen, Werbeprospekte und Kataloge. Vielleicht wird der Müll hier einzelnen Räumen zugeordnet und das ist das Altpapierzimmer? Als ich eintrete, sehe ich auf die offene Tür, die zum Wohnzimmer führt. Am Türknauf hängt eine Windel. Auch auf dem Boden liegt eine Windel, und noch eine – ich folge der Windelspur, und was ich sehe, verschlägt mir die Sprache. Ich schaue zu den Auftraggebern und sie senken den Blick zu Boden. Ein Berg voller Windeln! Ein Zimmer voller Windeln! Und das »voll« muss zweimal betont werden: ein Zimmer voller voller Windeln. Denn diese wurden benutzt und hingeworfen, das Wohnzimmer ist somit wohl der Hausmüllraum. Nicht einmal das Sofa ist noch zu erkennen. Ich hoffe sehr, dass das mit den Windeln irgendein komischer Spleen ist. Ein Fetisch oder ein Hund mit Inkontinenz. Aber bitte lass hier kein Kind wohnen. Das sind keine Zustände für ein Kind. An der Decke hängt eine ganze Spinnenkolonie in den Netzen, größere und kleinere Spinnen, Insekten und Fliegen. Wenn sie leuchten würden, wäre es ein Sternenhimmel. Aber hier leuchtet nichts, nicht einmal die Dinge, die dazu bestimmt sind. So wie das Bild mit Hintergrundbeleuchtung. Es zeigt einen Leuchtturm mit Sonnenuntergang, doch der Stecker ist nicht in der Buchse, sondern hängt über dem Bilderrahmen. Es ist ein seltsames Arrangement. Vor dem Bild lehnen ein Kleiderbügel, ein Eierkarton, ein angebissenes Brot und ein Windlicht. In Messie-Wohnungen gibt es immer viel zu sehen, der Blick bleibt an vielen Dingen hängen und man muss die auf einen einprasselnden Eindrücke erst einmal verarbeiten. Was ich schlecht verarbeiten kann, ist die Information, die ich bekomme.

In dieser Wohnung lebt ein etwa vierjähriges Kind, erzählt mir die Großmutter, und das Kind strahlt mir von einem Foto entgegen, das von der Couchkante heruntergerutscht sein muss und jetzt auf dem Müllberg thront. Das Foto im Passformat liegt auf einer Windel. Mein Mutterherz macht einen Sprung. Das darf nicht wahr sein, ein Kind darf nicht im Müll leben. Das Mädchen hat weißblonde Haare, Augenbrauen und Wimpern wie seine Mutter, die neben mir steht. Sie sehen sich ähnlich, beide etwas pummelig, beide niedlich und kindlich. Ja, auch die Mutter, sie ist ja selbst fast noch ein Kind. Sie kommt mir überfordert vor, nicht bösartig. Als sie fragt, wie viel das alles kosten soll, fängt sie an zu weinen. Die Tränen laufen ihr über die Wangen, tropfen auf ihr Shirt. Ich glaube nicht, dass sie das macht, um den Preis zu drücken, ich glaube, sie hat keine Kontrolle über sich und dass sie noch nicht richtig im Leben steht. Sie sagt, sie hätte eher mit 1000 statt 2000 Euro gerechnet, und ich kann verstehen, dass das für viele Menschen eine Stange Geld ist, aber mir bleibt davon nicht übermäßig viel übrig. Am Ende übernimmt übrigens die Großmutter die Kosten für diese Aktion. Dafür opfert sie ihr Weihnachts- und Urlaubsgeld, obwohl sie damit schon andere Pläne gehabt hatte.

Mein Blick wandert wieder zu dem Foto, wahrscheinlich im Kindergarten aufgenommen. Was für ein süßes Mädchen mit ihren roten Pausbäckchen. Sie trägt einen himmelblauen Pulli und einen Schal mit lila Eulen darauf. Sie sieht nicht ungepflegt aus, vielleicht haben deshalb die Nachbarn, die Erzieher nichts bemerkt. Ja nicht einmal die Großmutter, die neben mir steht, hat etwas geahnt. Sie ist enttäuscht, traurig, wütend. Erst im Nachhinein hätte sie verstanden, warum ihre Enkelin nicht wieder nach Hause wollte, warum sie weinte und sich an sie klammerte. Die Großmutter sagt mit einem Seufzer den Satz, den ich sehr oft bei meiner Arbeit höre: »Ich kann es mir nicht erklären.«

Während die Tochter in einem anderen Raum ist, erzählt sie mir, dass sie das letzte Mal vor einem Jahr in der Wohnung war und da alles paletti war. Sicher, hier und da ein Krümel oder ein Bauklotz, aber nichts Auffälliges. Alles, was ich sehe, sei innerhalb von zwölf Monaten entstanden. Außerdem wäre ihr Sohn doch auch ganz anders als ihre Tochter.

»Ganz anders«, wiederholt sie. Als würde sie sich selbst vergewissern wollen, dass nicht sie und ihre Erziehung daran schuld sind. Aber so ist das mit Geschwistern, mein Bruder und ich sind auch unterschiedlich. Er ist Systemprogrammierer und ich mache das hier. Trotzdem sind wir auf einer Wellenlänge.

Wir gehen weiter in das Esszimmer, doch der Tisch ist vollgestellt, wie auch die Stühle. Stattdessen dient ein Karton eines Ikea-Möbelstücks als Arbeitsfläche. Darauf liegen zwei Messer, leere Verpackungen von Käse und Brot, daneben Toast in Plastik. Auf dem Boden liegen fleckige Kinderklamotten, daneben ein leerer Wäscheständer, an dem ein selbst gestricktes Klammersäckchen hängt. Es kann sein, dass die Großmutter dieses gestrickt hat, sie scheint mir liebevoll und ehrlich besorgt zu sein. Wahrscheinlich informiere ich deshalb nicht das Jugendamt, zu der Zeit wusste ich auch noch nicht, dass das meine Pflicht ist. Ich habe eben gedacht, die Wohnung bekomme ich hin, hier wird es kinderfreundlich und um den Rest kümmert sich die Großmutter. Heute könnte mir jemand so glaubhaft, wie er wollte, versichern, dass es nicht nötig sei, das Amt einzuschalten, dass ein Kind bei seiner Mutter sein müsse. Es würde nichts ändern.

Aber mittlerweile habe ich schon mehrere Fälle von Kindern in Messie-Haushalten erlebt und leider muss man diese vor ihren Eltern schützen. Ich erinnere mich an die Besichtigung eines Einfamilienhauses, von draußen hat man bereits gesehen, dass etwas nicht in Ordnung ist, und drinnen setzte sich das Chaos fort. Man ist praktisch auf Müll gelaufen. Die Haustiere sprangen einfach darüber, die Katze war wunderschön mit glänzendem Fell, aber langen Krallen. Dann öffnete sich die Tür, ein Junge kam von der Schule. Er brachte ein schüchternes »Hallo« heraus, schien insgesamt sehr introvertiert. Ich erfahre, dass das andere Kind seine ersten drei Lebensjahre nur auf der Couch verbracht hatte. Die Kinder wurden bestimmt geliebt, aber das reicht nicht.

Ich denke, das ist auch in dem Windelfall so, man sieht, dass die Mutter versucht hat, in irgendeiner Weise ihrem Kind gerecht zu werden. Da sind Muffinformen und Backmischungen. Vielleicht schauten sie gemeinsam in den Backofen, bis der Teig aufging und herrlich duftete. Da sind Unmengen an Spielzeug, Rechenhelfer mit bunten Kugeln, Puppenwagen und Teures von Fisher Price. Bestimmt haben sie auch miteinander gespielt. Doch es bleibt dabei: Eine solche Umgebung ist keine Umgebung für ein Kind. Ich sehe Reinigungsmittel und Insektenspray, Feuerzeuge, kleine Schrauben, die sich das Kind in den Mund stecken könnte, versiffte Tüten mit geliefertem Essen, klebrige Flecken, Haare, Staub, Dreck, Chaos.

Die Großmutter hat es nicht geschafft, ihre Tochter zu bändigen, warum sollte sie es in Zukunft können? Andererseits ist das eine unmögliche Aufgabe. Ich sagte ja schon, wenn sich jemand nicht helfen lassen will, wird es schwierig. Und die Tochter wollte nicht. Als ihre Mutter herausfand, was sie vor ihr verheimlichte, war sie geschockt und konfrontierte ihre Tochter damit. Diese sei explodiert, habe sich nicht beruhigen und nicht zuhören können. Doch die Mutter hat verständlicherweise weiter darauf bestanden aufzuräumen. Ihrer Enkelin, aber auch ihrer Tochter zuliebe. Doch diese verstand die Hilfe als Anfeindung, als Vorwurf, gegen den sie nichts unternehmen zu können glaubte. Sie fühlte sich machtlos. Man sieht, dass sie sich immer wieder darum bemühte, Ordnung zu halten. In jedem Zimmer sind auch Mülltüten, die sie füllte und auch zuband, doch der letzte Schritt, das Raustragen, wollte ihr nicht gelingen. Jetzt bahnt sie sich im Streit mit ihrer Mutter einen Weg durch ebendiesen Müll, wirft Dinge um und will einfach nur weg. Doch ihre Mutter stellt sich vor sie in den Türrahmen.

»Jetzt bleibst du hier«, sagt sie, sie möchte darüber reden, doch die Tochter fühlt sich in die Ecke gedrängt. Es ist natürlich kein schönes Gefühl, gesagt zu bekommen, dass man etwas nicht im Griff hat, auch wenn man weiß, dass es stimmt. Die Tochter sagt, ihre Mutter solle aus dem Weg gehen, doch diese bleibt standhaft. Ich weiß nicht mehr, was genau passiert ist, aber die Tochter muss handgreiflich geworden sein, entweder sie zwickt oder schubst sie, auf jeden Fall ergreift die Mutter die Flucht.

Das ist nicht zu entschuldigen, aber irgendwie kann ich sie nicht verurteilen. Ich habe eben diesen Sinn dafür, in die Abgründe der Betroffenen blicken zu können – ich finde mich sogar ein wenig in der Tochter wieder. Auch ich war ein Spätzünder, etwas kindlich und verträumt, ich weiß nicht, wie ausgeprägt das bei ihr ist, es ist nur ein Gefühl, dass es bei ihr ähnlich sein könnte. Ich wurde auch aggressiv, weil ich nicht wusste, wie ich meine Wut in Worte packen, wie ich mich beruhigen konnte. Weil ich nicht mehr weiterwusste. Und anscheinend spürt auch die Mutter diese Verzweiflung, die in Aggressivität umschlägt. Als ich ihr die Wohnung später übergebe, sagt sie zu mir: »Ich könnte meiner Tochter eine klatschen.« Auch das verstehe ich.

Ich verstehe vieles, und trotzdem will mir nicht in den Kopf gehen, wie man sein Kind so verlottern lassen kann. Das Kind hat auf dem Bild zwar gepflegt gewirkt, Wäsche wurde wohl auch regelmäßig gewaschen, denn in der Küche stehen über 15 leere Weichspülerflaschen. Ein Versuch, den Geruch der Windeln und des Mülls zu überdecken. Aber wenn ich das Bad sehe, weiß ich, dass eine ausreichende Hygiene schlichtweg nicht möglich gewesen sein kann. Die Kleine sei heute nicht da, sie habe Fieber, Maul- und Klauenseuche, wie man die Hand-Fuß-Mund-Krankheit im Volksmund nennt. Hätte sie sich besser waschen können, hätte sie diese schmerzenden Pusteln an den Händen, den Füßen und im und um den Mund herum vielleicht nicht bekommen. Das Waschbecken hat eingekrustete schwarze Stellen, der Boden ist bedeckt mit Schmutzwäsche, dazwischen pinke Kinderschuhe. Über dem Toilettensitz ist ein kleinerer Kindersitz mit lustigen Kindermotiven. Daneben liegen Verpackungen, die ein kleines Grummeln in meinem Bauch verursachen. Folgemilch und Getreide. Was hat die Nahrung eines Kleinkinds neben der Toilette zu suchen? Hat sie ihr Kind etwa hier gefüttert? Oder hat sie hier nur die Packungen entsorgt? Jetzt fällt mir noch etwas anderes auf. Feuchttücher mit braunen Flecken und einige Blätter Toilettenpapier. Die Badewanne dient als Klosett, aber nicht nur, sie ist auch eine Art Abstellkammer. Ein großes Briefkuvert, eine schicke Lampe, Geschenkpapier. Jeder noch so kleine Platz wird ausgenutzt, sogar die Ritze zwischen Waschbeckenunterkommode und Badewanne. Dort wurde Müll, zum Beispiel Alufolie, reingestopft sowie benutzte Handtücher. Ich möchte ehrlich gesagt gar nicht mehr wissen, wie das Kinderzimmer aussieht.

Immerhin ist es in etwas besserer Verfassung als die restlichen Zimmer. Ein überlebensgroßer, kuscheliger Teddy. Ein lila Teppich, ein schöner Rattanstuhl, eine Wiege mit Tüllstoff. Der Boden ist größtenteils sichtbar und hier liegt auch nicht der typische Müll herum, jedenfalls nicht so viel davon. Da sind trotzdem noch ein Karton mit Windeln, einige zugebundene Mülltüten, zwei Pancakes auf dem Boden, eine Unterhose und zwei Socken. Das Tagesbett ist fast frei, aber darauf ist kein Laken. Die Matratze ist von Flecken übersät und die Diddl-Decke ist zusammengeknüllt, daneben ein Schnuller. Es ist schon krass und krass ist auch, was die Großmutter mir erzählt. Ihre Tochter habe jemanden kennengelernt, sie glaube und sorge sich, dass sie es darauf anlege, wieder schwanger zu werden. Wie sie darauf kommt? Die Tochter verhüte nicht.

Ein Kind ist in dieser Wohnung schon zu viel, aber alles, was ich glaube in dem Moment tun zu können: meine Arbeit. Meine Arbeit ist es, Messies einen Anstoß zu geben. Ihnen unter die Arme zu greifen und zu zeigen, wie schön es sein kann, wenn alles seinen Platz hat, wenn alles sauber ist und gut riecht. Und wie schön es ist, wenn sie ein echtes Zuhause haben. Wir packen alles in Kartons, werfen den Müll weg, und ich schaue das letzte Mal auf das Bild des Mädchens, während ich es auf den Stapel lege, den die Mutter behalten möchte. Es hat sich mir eingebrannt.

Ein Zimmer voller Pornos

Ich mache gerade die Buchhaltung, als das Telefon klingelt und mir etwas Abwechslung verspricht. Die Frau am Telefon ist etwas zu fröhlich für eine Kundin. Die meisten sind genervt, traurig, überfordert, aber auf alle Fälle nicht fröhlich. An ihrer Stimme und auch daran, wie sie über ihren neuen Freund spricht, erkenne ich den Grund dafür: Amors Pfeil hat sie getroffen. Und deshalb müsse jetzt einmal ordentlich aufgeräumt werden.

»Aber: Auf keinen Fall die Pornos wegwerfen«, sagt sie.

»Okay«, sage ich.

»Kein einziges Video«, sagt sie noch mal eindringlich, damit ich es auch wirklich kapiere. Das sei die einzige Bedingung ihres Freundes. Dann dürfe sie auch seine Wohnung sauber machen. Das Badezimmer möchte sie selbst übernehmen, das andere würde sie uns überlassen.

»Ein bisschen skurril ist das Ganze schon«, denke ich, »aber eigentlich hat mich das nicht zu interessieren.«

Am Tag des Einsatzes stehe ich im Wohnzimmer und etwas interessiert mich dann doch brennend. Die Pornos. Ich bin ja auch nur ein Mensch, neugierig wie jeder andere und dazu noch sehr visuell. Ich muss ja jede DVD und jede Kassette in die Hand nehmen und manchmal bleiben meine Blicke an ihnen hängen, bevor ich sie im Karton verstaue. Ich lese die Titel und denke an das Spiel Porno-Ping-Pong. Man liest einem Freund einen Pornotitel vor oder denkt sich einen aus, und wenn der lacht, bekommt man den Punkt. Zum Beispiel:

Hairy Popper und die Kammer des Schleckens
Andere Länder, andere Titten
Der Pimmel über Berlin
Der Sexorzist
Die Schwanzwaldklinik

Fast rufe ich meinen Mann, der auf dem Balkon steht, hier im Schwarzwald, wo die Häuser an den Hängen stehen. Aber ich verkneife es mir, ich bin ja hier, um zu arbeiten. Ich merke, dass die Bitte, die Pornos zu behalten, ausartet. Es ging nicht nur um eine kleine exklusive Sammlung. Der Wäscheberg ist gar kein Wäsche- und Müllberg mit einigen Pornos darauf. Nein, er ist ein Pornoberg. Ich muss ihn besteigen. Ich lache in mich hinein, das mit der Doppeldeutigkeit verfolgt einen in diesem Zimmer. Man könnte bestimmt auch einen Witz zu der Packung Super Dickmann's finden, die zwischen den Filmchen liegt. Ich werfe die DVDs in Müllsäcke, wobei mir aufgeht, dass der Mann wohl wirklich pornosüchtig sein muss. Nicht nur wegen der schieren Menge, sondern auch, weil er überhaupt keine Vorliebe zu besitzen scheint. Also gut, eine hat er, nämlich für Coca-Cola. Die Flaschen sind überall in der Wohnung verteilt, einige davon halb voll. Viele Flaschen liegen um das Klo herum, als wäre seine Feierabendbeschäftigung Cola trinken und auf dem Klo sitzen. Aber mit Vorliebe meinte ich eine sexuelle, eine solche kann ich nicht erkennen. Bei den Pornos ist alles dabei, kreuz und quer. Hauptsache, nackte, verknotete Körper, die stöhnen. Ob Fußfetisch, Historienfilm, Männer mit Männern, Frauen mit Frauen, alle miteinander, Schwarze und Weiße, Alte und Junge, dominant und devot, Lack und Leder, anal oder auch ganz normal. Die Deutschen im Generellen haben jedoch Neigungen, wenn sie sich Pornos ansehen, und davon sehen sie sich viele an – immerhin sind sie Weltmeister im Pornoschauen.[24] Auf der Internetseite Pornhub suchten die deutschen Nutzer im Jahr 2019 am häufigsten nach »German«, am zweithäufigsten nach »Deutsch« und am dritthäufigsten nach »femdom«, also weibliche Dominanz. Platz vier geht an »milf«, attraktive Mütter.[25] Worüber man sich nicht alles Gedanken macht, wenn man in fremde Haushalte kommt.

Bei einigen Kassetten in der Sammlung meines Kunden möchte ich lieber gar nicht so genau hinsehen, aber es ist wie bei einem Horrorfilm, bei dem man mit der Hand vor den Augen immer wieder durch die Finger hindurchlugt und – ah, warum hat man nur geschaut? Eine Kassette ist in dieser Hinsicht ganz besonders, es geht um Fäkalien, aber auch in anderer Hinsicht ist sie ungewöhnlich. Denn das Preisschild auf dieser zeigt: »399 DM«. Das war wohl damals der heißeste Scheiß, im wahrsten Sinne des Wortes, und dafür musste man blechen. Da gab es noch keine Internetplattformen, auf denen man alles, aber auch wirklich alles bekommt. Wo man nur den PC hochfahren muss, zweimal klickt und sich einen Virus einfängt.

Ich bin wirklich nicht verklemmt und es ist auch nichts dabei, sich Erotikfilme anzusehen, aber es geht auch etwas ästhetischer, wie bei den Wandbildern im antiken Pompeji. Aber nun gut, die ganze Wohnung ist nicht wirklich von gutem Geschmack geprägt. Ich frage mich, ob die Freundin sich hier später einmal wohlfühlen wird und wie lange es dauern wird, bis alles wieder so ist, wie wir es vorgefunden haben. Ich schaue auf die Spinnweben, die eine Art Baldachin gebildet haben. Das muss jahrelang niemand weggemacht haben, und durch den Staub und die Insekten sind sie braungrau und ich denke daran, wie schön sie aussehen würden, wenn sie weiß wären. Wie Zuckerwatte. Richtig dicke Zuckerwatte. So ist es einfach nur übel. Das Putzen und Aufräumen scheint neben seinem Hobby zu kurz gekommen zu sein, dabei hat er mitten im Wohnzimmer Besen, ein Bügelbrett und zwei Wäscheständer, aber einer von ihnen steht auf dem Kopf. Ich frage mich, weshalb er Müllsäcke über manche Möbel und Ansammlungen von Gegenständen gezogen hat. Vielleicht hat er versucht, die Dinge zu schützen, wenn er längere Zeit verreist war. Er ist Fahrzeugüberführer aus Leidenschaft. Ja, den Job gibt es wirklich, in diesem werden Autos von A nach B befördert, manchmal auch ins Ausland und manchmal handelt es sich um richtig teure Schlitten. Auch ich fahre gerne, muss ich sagen. Das Brummen des Motors, die Weite der Strecke, die gut gelaunten Moderatoren im Radio. Für viele ist das der Inbegriff von Freiheit, aber ob das mit den Staus und allem Drum und Dran wirklich so romantisch ist? Ich stelle ihn mir vor, in einem gelben

Lamborghini, und nachts ist er doch alleine im Hotel und holt ein Heftchen hervor.

Diese finde ich auch hier, *Happy Weekend* und wie sie alle heißen, auf denen die Frauen entweder wasserstoffblonde oder rabenschwarze Haare haben. Große Brüste haben sie alle. Die Zeitschriften sind schon sehr abgegriffen, fettig, teilweise mit Stockflecken versehen, und da es hieß, dass ich nur die Filme aufheben soll, kommen die Zeitschriften alle weg. Auch die Werbeprospekte im Badezimmer, die die neuesten Trucks anpreisen. Die Couch muss auch dran glauben. Besser so, das Polster sah aus wie die Sitzbezüge in öffentlichen Nahverkehrsmitteln. Stoff kann man schlecht retten, wenn da schon seit Jahren Müll und alles Mögliche andere darauf lag. Den fleckigen Toilettenbezug kann man wenigstens waschen, aber das mag ja auch keiner. Auch die Küche ist in Mitleidenschaft gezogen worden. Statt weiß ist sie gelblich, der Zigarettenqualm muss tief eingezogen sein, wie auch in die Wände der Wohnung. Komischerweise verschont der Rauch die Wandecken, bei denen die drei Linien immer weiß bleiben. An der Wand hängen noch ein Regal und zwei Bilder. Auf einem ist ein Flugzeug aus den Dreißigerjahren und auf dem anderen ein Sonnenuntergang und irgendetwas, das ich schlecht erkennen kann. Vielleicht eine Kaserne, denn auf dem Bild steht, das sei ein Geschenk der Unteroffizier-Kameradschaft zur Erinnerung an die gemeinsame Zeit. Der Name des Kunden ist darauf zu lesen, also war er beim Militär. Das Bild hätte ihn besser an die Stuben- und Revierreinigung erinnert statt an das gesteigerte Testosteron.

Auch bei der Abnahme, also wenn ich den Kunden zeige, was ich gemacht habe, steht der Mann am Fenster und fummelt an seiner Freundin herum. Sie schiebt seine Hand von ihrem Po hoch an ihre Hüfte und kuschelt sich liebevoll an ihn.

»Gefällt es dir, ja?«, sagt sie stolz.

»Das hast du gut gemacht, Schatzi«, sagt er, und ich, die es wirklich gemacht hat, schaue aus dem Fenster auf den grünen Hang. Klar, sie hat auch etwas gemacht, sie hat den Anstoß gegeben und sie zahlt vor allem die vierstellige Rechnung, obwohl sie ihn nicht lange kennt. Sie hat ihm geholfen, einen neuen Lebensabschnitt zu beginnen, und das ist schön. Denn auch wenn ich mich etwas amüsiert habe über sein Hobby, so ist es doch ein Problem. Eines, das man ernst nehmen sollte. Aber hier spüre ich, dass es die Freundin ernster nimmt als er. Sie nimmt wohl auch die Beziehung ein bisschen ernster. Ich bekomme mit, dass sie gar nicht sein Typ ist. Das musste wohl so kommen, wenn er sich an großbusige Frauen gewöhnt hat, die alles machen.

»So, das wär's«, sage ich und zeige auf die zwölf Säcke. Zwölf Säcke bis obenhin voll mit Pornos. Fast hätte ich ihnen noch »Viel Spaß« gewünscht, als ich zur Tür hinausgehe und mich frage, was wohl der nächste Fall für mich bereithält.

Der Akademiker und sein Eistee

Bei der Besichtigung empfängt mich ein Mann, der mir die Wohnung zeigen möchte. Ich habe nicht nur mit Betroffenen zu tun, sondern auch mit Angehörigen, Wohnungsverwaltern, Vermietern und so weiter. Mein erster Gedanke, als ich ihn sehe: »Das ist ein Schnittchen.« Ich bin verheiratet, glücklich verheiratet, aber nicht blind. Er ist gut gekleidet, so als wäre er gerade aus dem Büro gekommen oder hätte ein Audimax voller Studenten über die Zahl Pi aufgeklärt. Jetzt stehe ich nicht allzu weit entfernt vor ihm, und als er sich mit der Hand durch die Haare fährt, rieche ich sein Parfüm. Er riecht gut, dann möchte ich mal wissen, wie seine Wohnung riecht. Denn auch wenn er nicht aussieht wie ein Messie, so ist er einer. Und ich weiß, dass er kein Angehöriger oder sonst was ist, weil wir uns hier verabredet haben. Viele, die mich engagieren, fangen mich draußen ab. Sie möchten erst einmal schauen, wer da kommt, ob sie mir vertrauen können, ob sie mir ihr Problem anvertrauen können. Der Mann ist sehr distanziert, kein freundliches Geplänkel, keine privaten Einzelheiten. Er scheint das alles schnell hinter sich bringen zu wollen, eigentlich möchte er gar nichts damit zu tun haben. Doch es bringt ja nichts, ich bin da – und das ist ein erster Schritt in die richtige Richtung. Er geht voraus in den dritten Stock, ich folge ihm. Wir betreten die Wohnung und ich sehe schon, dass der Boden voll ist. Im nächsten Zimmer ist es dunkel – vor den Dachfenstern hängt ein bedrucktes Tuch, bestimmt ein Souvenir aus besseren Tagen. Es zeigt die Insel Fuerteventura. Ich kann nicht sofort erkennen, was für ein Zimmer das ist, doch dann entdecke ich das unter Verpackungen vergrabene dunkelblaue Sofa. Es sind vor allem Tüten, Papier, Pizzakartons mit der Aufschrift *Mamma mia, ist die gut*. Es ist nicht wirklich krümelig und klebrig, aber viel Müll, viel zu viel Müll, der in einem gemütlichen Wohnraum nichts verloren hat.

Gibt es eigentlich das Sprichwort »Zeig mir deinen Müll und ich sag dir, wer du bist«? Natürlich ist man viel mehr als die Dinge, die man im Alltag verbraucht, aber man kann daran sehen, wie ein Mensch lebt. Wenn er nur Biomüll hat, ist er wohl eher öko, und besonders an den Verpackungen kann man sehen, was er konsumiert. Das lässt auch Rückschlüsse auf seine Hobbys zu. Verpackungen von Blumenzwiebeln, Rosenscheren, Häckslern und Co. zeigen, dass die Person gerne gärtnert. Und in dieser Wohnung sind viele Kartons und Tüten von großen Shoppingcentern, von hochpreisigen Marken. Hier liegen die Verpackungen und auch die Klamotten von Designern wie Ralph Lauren herum. Er muss Mode beziehungsweise ein gutes Auftreten schätzen, vielleicht muss er das auch aufgrund seiner Arbeit. Er muss Akademiker sein, ich weiß, dass er studiert hat, und belesen scheint er ebenfalls zu sein. In einer Ecke stapeln sich zerknüllte Zeitungen. Aber nicht die *Bild* oder die Regionalzeitung, sondern *DIE ZEIT*. Sie kostet über fünf Euro wöchentlich – Wissen muss man sich auch leisten können. Was an diesen Zeitungen ebenfalls beeindruckend ist: Er muss jede einzelne Seite in die Hand genommen haben, sie zerknüllt und bis zur Decke gestapelt haben. Es ist ein Zeitungsturm, der wundersamerweise nicht umkippt. Es sieht fast aus wie eine Installation in einem modernen Museum.

Als ich in den nächsten Raum gehe, muss ich auch dort erst einmal schauen, für welchen Zweck er ursprünglich gedacht war. Das Bett ist fast ganz vergraben, ich weiß nicht, wo er schläft, vielleicht dort auf einem frei gebliebenen Streifen. Frei trifft es sehr gut, nicht einmal eine Decke ist über die aufgescheuerte Matratze gelegt. Der Müll ist höher als das Bett, kein Zentimeter Boden ist zu sehen. Was mir auch auffällt: die vielen Pfandflaschen, fast alle noch voll. Sein Lieblingsgetränk ist wohl Eistee. Ich biete dem Akademiker an, die Pfandflaschen einzulösen und ihm den Bon beziehungsweise das Geld zu geben, aber er winkt mit einer ausladenden Handbewegung ab.

»Wir nehmen Ihnen gerne die Arbeit ab«, sage ich, aber er bleibt konsequent. Ich bin überrascht über die Reaktion und später beim Aufräumen kann ich mir auch denken, warum. Die Flaschen haben unterschiedliche Gelbstufen. Eierschale, Limone, Safran und Ocker. Und als ich auf die Etiketten schaue, lese ich nichts von Eistee, das soll Wasser sein. Vittel. Ich sehe auch keine Colaflaschen, die darauf hindeuten, dass er sich womöglich eine eigene Mischung gemacht hat. Das muss tatsächlich Urin sein. Deshalb leeren wir die Flaschen nicht aus und geben sie auch nicht zurück, sie landen so, wie sie sind, im Container.

Was ich bei diesem Einsatz auch bemerkenswert finde, sind die Passanten. Wir befinden uns in einer Großstadt, deshalb gibt es ihrer viele und auch viele, die denken, sie könnten den Sperrmüll gebrauchen. So leert sich der Container fast von selbst. Sogar die versiffte Matratze, auf der nicht einmal mehr ein Obdachloser schlafen würde, wird mitgenommen. Ich denke mir nur »Viel Spaß damit« und hoffe, dass wenigstens die Flaschen niemand anfasst.

Als ich die Toilette sehe, kann ich mir vorstellen, warum es einfacher war, sich auf diese Weise zu erleichtern. Für Männer ist das ja auch gut machbar. Das Klo ist eigentlich eine Jauchegrube, umgeben von teuren Hugo-Boss-Klamotten, die einem im Sitzen über den Kopf wachsen. Aber Sitzen will man hier sicher nicht mehr. Wahrscheinlich auch er nicht, und so geht immer mehr daneben. Alles ist braun und schwarz, überall sind Spritzer und Flecken. Vielleicht fing er an, sein Geschäft aus der Höhe zu verrichten, weil es ihm zu dreckig war. Und um den Anblick zu vermeiden, pinkelte er in Flaschen. So absurd es klingt, aber Messies sind ziemlich kreativ darin, die Realität zu verkennen und Ausweichhandlungen zu finden. Wenn sie zum Beispiel nicht mehr in ihre Dusche können, fahren sie ins Schwimmbad. Die Option, das eigentliche Problem anzugehen, ist nicht so einfach. Denn der Knoten in einem, der ist fest geknüpft und wird immer größer, und allein kann man ihn irgendwann nicht mehr lösen. Es ist sozusagen ein gordischer Knoten. Aber ich gebe mein Bestes, um den Knoten etwas zu lockern, ich schrubbe, als gäbe es kein Morgen mehr. Ekelfest muss man für diesen Job schon sein, aber das bin ich definitiv. Das Klo sieht schon besser aus, aber das Reinigungsmittel auf dem Waschbecken muss erst etwas einziehen, bevor ich auch hier loslegen kann. Ich frage mich, wie es so schwarz werden konnte. Als hätte er darin Feuer gemacht oder es als Aschenbecher benutzt, aber aus der Nähe sieht man, dass die Emaille porös geworden ist und Körperfett, Haare, Dreck, Insekten und Staub sich eingefressen haben. Schwarz sieht auch die Dusche aus, die schon völlig verstopft ist. Nicht weil viele Dinge darin liegen, es sind gerade einmal zwei Shampooflaschen, sondern weil sich der Dreck bereits zu Schlick verwandelt hat. Dass der Akademiker Wert auf sein Äußeres legt, ist mir ja bereits aufgefallen, und auch hier finde ich allerlei Hygieneprodukte. Ein Nasenhaartrimmer, Mundspülungen und in regelmäßigen Abständen reinigt er seine Ohren mit Wattestäbchen, das weiß ich, weil die benutzten Stäbchen auf einem Häufchen liegen. Sich wirklich zu reinigen und insgesamt sauber zu machen, ist hier aber nicht möglich. Und das alles wegen des Knotens. Es muss schlimm sein, etwas zu wollen und nicht zu können. Im Bad sind auch Dinge, die eigentlich in die Küche gehören – Salz und Teebeutel.

In der Küche selbst ist es ebenfalls unappetitlich. Dabei gibt es hier ein weiteres interessantes Kunstwerk zu sehen. Ein Aludeckel von einem Joghurtbecher hält sich gerade noch so, ohne herunterzufallen, am Rand der Küchenarbeitsplatte. Auf der Joghurtseite klebt ein alter Studentenausweis. Jetzt muss ich wieder an das Badezimmer denken und an den Spruch: »Ist das Kunst oder kann das weg?« Es gab doch mal diese Frauen in einem Schloss, in dem auch Kunstwerke für Ausstellungen eingelagert waren. Dort stand eine Wanne mit Mullbinden und Fett. Die Frauen sagten: »So wie die aussah, konnten wir sie nicht gebrauchen. Deshalb haben wir die Wanne geschrubbt.«[26] Sie scheuerten wie wild und ahnten nicht, dass dies ein Kunstwerk von Joseph Beuys war. Dieser war nicht begeistert und bekam 80 000 DM Schadensersatz zugesprochen. Das ist keine Urban Legend, kein Märchen.

Ich schaue mich weiter in der Küche um, bereit, unerkannte Kunstwerke zu zerstören. Die Kaffeepads sind alle an einer Stelle abgelegt worden – wie er hier überhaupt noch Kaffee kochen kann, ist ein Mysterium. Dafür müsste er über Müllsäcke und die Verpackung des Mac Pro klettern und dabei würde er ein paar Wein- und Bierflaschen und leere Dosen umwerfen. Da er nicht kochen kann, weil alles vollgestellt ist, neigte er wohl noch zu einer anderen Ausweichhandlung: Pizza vom Lieblingsitaliener. Aber auch Würstchen aus der Dose oder aus dem Glas mit bestem Senf, dem teuren. Ein Geringverdiener ist er sicher nicht.

Überhaupt hat der Akademiker hier einige Schätze stehen – und diese soll ich finden. Er schreibt auf, was er gerne behalten und wiederfinden würde, dieser Zettel wird zu meiner Schatzkarte, mein Team und ich werden zu Schatzsuchern. Leider befindet sich auf der Schatzkarte nicht die Lage der gewünschten Dinge, und so müssen wir uns durch die Berge an Zeitschriften, Klamotten und Verpackungen kämpfen. Wir sind zu dritt in den drei Räumen verteilt und immer, wenn wir etwas finden, rufen wir uns zu: »Hey, schaut mal!« – »Ich habe die Kamera!« – »Wow, super!« Wir freuen uns wie kleine Kinder, aber der gesuchte Hausschlüssel ist unauffindbar. Wie die Nadel im Heuhaufen. Schließlich spüre ich in einem der Haufen etwas Metallisches. Nein, ist er das wirklich? Ich ziehe ihn heraus, ich habe den Schlüssel gefunden. So wahr ich hier stehe, wir finden nicht nur ihn, wir finden alles. Ich bin unglaublich stolz und drapiere alles auf dem Tisch, der übrig geblieben ist. Vier Manschettenknöpfe, vier Fotokameras, eine davon muss wirklich viel gekostet haben, eine Spiegelreflex mit Objektiv. Zwei iPhones, zwei Tablets, eine Apple-Festplatte, ein E-Book-Reader. Eine PlayStation, weiteres technisches Equipment und gut Erhaltenes wie seine Lederschuhe. Außerdem eine Menge Kleingeld. Zweieuromünzen,

Eineuromünzen, wahrscheinlich hat er jedes Mal, wenn er eine Pizza bestellte, das Wechselgeld in den Raum geworfen.

Ich müsste es eigentlich nicht erwähnen, dass wir selbstverständlich keinen einzigen Cent entwendet haben. Ich erwähne es aber doch, weil manche Entrümpler meinen sich bereichern zu müssen, besonders in Häusern, in denen ältere Menschen ohne Erben starben. Das Geld geht in diesem Fall an meinen Auftraggeber. Ich kommuniziere noch vor Ort, dass wir alles, was uns wertvoll erscheint, zur Seite legen. Ich würde wahrscheinlich nicht einmal einen Picasso erkennen, aber es interessiert ja auch nicht, weil ich ihn sicher nicht verkaufen, sondern einfach zu den anderen Wertgegenständen legen würde wie beinah jedes Gemälde. Lieber schätzt jemand den Wert hinterher, als dass ich es wegwerfe. Ich sage den Kunden auch, dass ich jeden Mitarbeiter, den ich bei Diebstahl erwischen sollte, kündige und anzeige. Denn wenn ich einen Auftrag bekomme, ist das ein großer Vertrauensbeweis mir und meiner Firma gegenüber, und dieses Vertrauen ist bei mir gut aufgehoben. Ich finde bei jedem Einsatz Wertvolles. Geld, manchmal nur wenige Münzen, manchmal eine Menge Scheine. In der Wand, unter dem Bett. Wir finden Laptops, Handys, teure Brillen, Eheringe und anderes Gold. Selbst wenn ich keine Punze erkennen kann, lege ich alles zur Seite und übergebe es dem Eigentümer.

Auch dem Akademiker möchte ich nun seine Schätze übergeben. Er kommt zu mir, wirkt jedoch eher fahrig statt glücklich darüber, dass er nun in ein ihm angemessenes Leben starten kann. Ich erfahre, dass er in einer WhatsApp-Gruppe für Messies ist. Es ist so etwas wie eine digitale Selbsthilfegruppe, leider hat sie keinen Leiter und wahrscheinlich auch keinen Messie, der gesundet ist. Man kann sich schon denken, welchen Einfluss eine solche Gruppe ausübt. Keinen guten. Der Akademiker suchte sich Hilfe und bekam den Kopf gewaschen. Wie könne er nur seine Wohnung leer räumen lassen und so weiter – warum genau die Messies ihm davon abgeraten haben, weiß ich nicht. Alte Muster, Verlustangst … diese Panik übertrug sich auf meinen Kunden.

»Ich kann nicht in meine Wohnung gehen«, sagt er.

»Sicher können Sie, es wird Ihnen gefallen, da bin ich mir sicher.« Ich versuche ihn zu beruhigen, doch das Einzige, was hilft, ist, auf Abstand zu gehen. Er entschließt sich, um den Block zu gehen. Ein-, zwei-, dreimal. Er läuft sich die Füße wund, während ich Däumchen drehe, aber ich bin geduldig, ich verstehe seine Angst vor dem Neuen. Nach ein oder zwei Stunden, gefühlten hundert, kommt er zurück. Er ist immer noch undurchsichtig, ich weiß nicht, was er denkt. Auch nicht, als er in die Wohnung eintritt. Ein Dank wäre schön gewesen, auch wenn er mich und mein Team dafür bezahlt. Wir leisten viel und sind mit vollsten Herzen dabei.

Ich bekomme Tage später immer noch keinen Dank, sondern einen unfreundlichen Anruf.

»Eine Steckdosenummantelung fehlt«, sagt der Akademiker.

»Ja, wie?«, frage ich.

»Fehlt«, sagt er.

Ich sage, dass ich nicht weiß, wo sie hin ist, aber dass wir ihm eine neue besorgt oder die alte angebracht hätten, wenn wir etwas damit zu tun hätten. Wir sind ja ohnehin oft in den Baumarkt gefahren, das hätten wir erledigt, hätten wir davon gewusst. Er sagt nichts mehr, findet aber noch etwas anderes zu beanstanden. Die Toilettenspülung funktioniere nicht mehr richtig. Das war schon vorher so, das weiß ich genau, denn beim Putzen konnte ich zum Nachspülen nicht einfach auf die Spülung drücken, sondern musste mit Wassereimern hantieren. Und er weiß es auch, deshalb hat er vermutlich auch lieber Eistee produziert. Es ist schade, wir haben das so geil gemacht und der Perfektionist hängt sich an kleinen Dingen auf. Ja, er ist ein Perfektionist, das wird mir jetzt umso klarer. Vielleicht hat dieser Umstand dazu geführt, alles aufzuschieben, nichts mehr aufzuräumen, innerlich zu blockieren, aus Angst zu versagen, aus Angst, es sowieso nicht richtig machen zu können.

Die Schöne und ihr Biest

Das weibliche Pendant zum Akademiker und seinem Eistee ist wohl die Schöne und ihr Biest. Die Schöne hat die schlichte Eleganz einer Audrey Hepburn und ihrer Rolle im Film *Sabrina*. Sie empfängt mich in einer schwarzen Stoffhose, einem engen Shirt und Pferdeschwanz. Es kam schon einige Male vor, dass ich vom äußeren Eindruck der Betroffenen nicht darauf schließen konnte, dass sie Messies sind. Doch hier war es das erste Mal, dass ich dachte: »Nee, das ist sie nicht. Oder? Wirklich? Das muss eine Verwechslung sein.« Ich starre sie fast an. Schlank und geschminkt wie Frau Prada, nur um viele Jahrzehnte jünger. Ich marschiere trotz Unsicherheit auf sie zu und sage wie immer: »Ich grüße Sie!« Sie gibt mir die Hand und führt mich relativ schnell zur Wohnungstür. Als sie mir sagt, dass sie eine Leitungsposition innehat, kann ich mir das gut vorstellen. Sie ist geradlinig und klar. Die Tür lässt sich nicht ganz öffnen, es sind Kleider im Weg. Elegante knöchelhohe Stiefel, ein Mantel mit schwarz-weißem Karomuster, ein Schalen-BH. Schwarz und Weiß scheinen ihre bevorzugten Kleiderfarben zu sein. Wir steigen darüber und ich schaue mich in der Einzimmerwohnung um, bordeauxrote Vorhänge, weinrote Bettwäsche. Keine Pornos, keine Windeln, kein Urin. Ich schaue auf den gepackten Koffer, daneben eine volle Tasche, das aufgeblasene Nackenkissen – vielleicht ist sie Chefstewardess? Nein, sie arbeitet in einem Hotel. Als sie dessen Namen nennt, muss ich aufpassen, dass mir die Kinnlade nicht zu offensichtlich runterklappt. Luxus, Sterne, High End. Dort gehen Schauspielerinnen, Manager und reiche Touristen ein und aus. Sie lassen sich unter dem Kronleuchter Tee servieren, der die perfekte Temperatur hat und mit dem Löffel und dem Henkel zur rechten Seite ausgerichtet ist. Alles muss perfekt sein. Sie scheint perfekt zu sein. Sie hat direkten Kundenkontakt und koordiniert dazu noch ihr eigenes Team.

»Niemand ahnt etwas«, sagt sie, sie könne es gut verstecken. Hier zwischen ihren eigenen vier Wänden, da versteckt sie ihr Biest, da lässt sie es raus. Ich schaue auf das Bild, auf dem die Magier Siegfried und Roy mit ihren prächtigen Tigern zu sehen sind. Wie sehr manche Einrichtungsgegenstände zu den Menschen oder ihrer Situation passen, ist immer wieder verblüffend. Roy bändigte seine Tiger, bis zu dem Tag, als er angegriffen wurde. Ab diesem Zeitpunkt war er teilweise gelähmt. Auch die Schöne versucht, ihr Biest in Zaum zu halten, und ich hoffe sehr, dass es ihr gelingt, es ganz aus ihrem Leben zu verbannen. Denn es muss wahnsinnig anstrengend sein, dieses Leben mit dem Biest, mit der Messie-Erkrankung.

Sie schminkt sich zwischen Wasser mit Gurkengeschmack und Chipstüten, sie versucht zu duschen, ohne auf die dort liegenden Rasierer zu treten, sie kauft sich immer wieder neue Klamotten, weil sie keine Waschmaschine hat. Es ist ein Teufelskreis, den sie nicht durchbrechen kann. Dadurch häuft sie immer mehr Sachen an, die ihr langsam, aber sicher über den Kopf wachsen – bildlich gesprochen. Die Sachen, die sie sammelt, sind Dinge des alltäglichen Lebens. Sie hat keine Sammelleidenschaft, keine Briefmarkenordner, keine Barbie-Kollektion. Jedenfalls keine, die für das Chaos hier verantwortlich wäre. Allerhöchstens hat sie zu viel Makeup, eine ganze Reisetasche voll mit Utensilien, von denen ich nicht einmal weiß, wie man sie benutzt. Ein pinker Schwamm in Eiform, Pinsel, Lidschatten, Rouge, Kajal, Eyeliner, meistens in mehrfacher Ausführung. Aber das haben auch andere Frauen ohne Messie-Problem, das läuft allenfalls noch unter Hobby. Eine kleine, etwas skurrile Sammlung kommt mir dann doch in die Hände. Die Schöne besitzt lange, kleine, vibrierende, farbenfrohe, technische, lebensechte Dildos und Vibratoren. In allen Variationen und bestimmt um die 20 Stück. Die kann sie gern behalten.

Aber was ich hier in der Einzimmerwohnung entdecke, ist auch viel Müll. Müll, den sie nicht wegwerfen kann. Alles ist wild durcheinandergeworfen, nichts hat einen festen Platz, doch dieser ist wichtig, damit man sofort findet, was man braucht, und besser Ordnung halten kann. Essen zu Essen in die Küche, Hustensaft in den Medizinschrank, Schminkutensilien auf den Schminktisch oder ins Bad, saubere Kleidung gleich in den Schrank und getragene über einen Stuhl oder sofort in den Wäschesammler. Doch hier stehen der eingelegte Knoblauch und das leere Antipastiglas vor dem Fernseher, der Fernseher auf einem öligen Karton, der Karton auf einem Regal, dort sind die Schubladen geöffnet, Hustensaft, Nagellack, Feile liegen darauf. Ein Handtuch hängt über der Heizung daneben. Es sieht ein bisschen nach einer Hausdurchsuchung aus, als wären die Klamotten aus dem Schrank gerissen und der gelbe Sack in der Mitte des Raumes ausgeleert worden. An den Verpackungen sieht man auch, was sie isst. Knoppers, Linsenchips, Müsliriegel. Wenn man sie sieht, würde man ihr nicht zutrauen, dass sie solch kalorienreiches Zeug essen kann, ohne zuzunehmen. Es kann sein, dass sie nicht zunimmt, weil sie mit den Snacks ganze Mahlzeiten ersetzt. Die Küche wurde nämlich seit Jahren nicht mehr benutzt. Schon ist weniger zu putzen, aber ich hätte gerne geputzt, wenn ich damit ihrer Gesundheit etwas Gutes getan hätte. Im Bad ist dafür mehr zu putzen. Das Waschbecken ist voll mit Duschgels, Shampoos, Spülungen. Auf dem Regal und auf dem Boden Pflegeprodukte, Drogerietüten, auf der Toilette ein Gerät, von dem ich nicht weiß, wofür es gut ist. Es sieht ein bisschen aus wie ein Fußbad, aber dafür ist es zu klein. Es wird wohl irgendetwas mit Beauty zu tun haben. Außerdem fällt mir eine elektrische Zahnbürste auf, bei der die Zahnpasta schon so dick um den Stiel herum getrocknet ist wie ein Ring, sodass man sie kaum noch in den Mund bekommt. Das Bad wird arbeitsintensiv sein, das sehe ich sofort – und diese Prophezeiung wird sich auch erfüllen. Ich werde drei Stunden an der Duschwanne schrubben, bis sich die schwarzen Flecken, das Körperfett in den Abfluss verabschiedet haben.

Die Schöne kaut auf der Innenseite ihrer Wangen, schaut zu Boden. Daraufhin sage ich, dass wir das hinbekommen würden. Jetzt sieht sie zur Seite. Scham.

»Ich hatte noch nie eine Immobilie, die so gut roch wie Ihre«, sage ich und hoffe, dass sie sich etwas besser fühlt. Aber ich sage es nicht nur, damit es ihr besser geht, es stimmt, vielleicht hat sie viel Deo benutzt. Sie sagt daraufhin den altbekannten Satz – sie könne es sich nicht erklären. Sie kann das vielleicht nicht, aber Therapeuten. Im Kapitel »Löcher stopfen« wurde das Dilemma schon angesprochen. Gerade in diesem Fall, wie auch bei dem Akademiker und Frau Prada, ist eine Überforderung zu erkennen, die aus ihrem Perfektionismus erwächst. Draußen versuchen sie, perfekt zu sein, beim Bäcker geschminkt, im Büro gestriegelt, im Hotel geordnet. Wenn sie dann zu Hause sind, lassen sie ihre Masken fallen und sich auch mal gehen. Aber sie fühlen sich nicht wohl, sie wissen, dass sie etwas tun sollten. Aber sie wollen alles auf einmal, es soll glänzen, und alleine schaffen sie es nicht, deshalb ist es gut, dass sie sich an mich wenden. Denn im Gegensatz zu anderen Messie-Typen wissen die meisten Vertreter dieses Typus, dass sie keine Schätze horten, dass die Chipstüten in den Müll gehören. Sie können zwischen brauchbar und unbrauchbar unterscheiden. Ich muss nicht mit ihnen diskutieren. Sie gehen zurück in ihre saubere Wohnung und müssen sich klar werden: Niemand verlangt von ihnen, dass es immer perfekt aussieht. Niemand verlangt einen Großputz, wenn es auch einmal reichen würde, die Spülmaschine einzuräumen. Solche Menschen, die groß denken, müssen lernen, die kleinen Schritte wertzuschätzen. Ihre kleinen Schritte. Nicht an den Berg denken, sondern den Berg Stück für Stück erklimmen oder, in diesen Fällen, Stück für Stück abtragen. Dabei helfe ich.

Wenn die Kunst alles bedeutet

Mir sind gleich zwei Fälle vom Typ Träumer in Erinnerung geblieben, in denen sich die Betroffenen nicht nur in ihre eigene Welt, sondern in die Welt der Kunst geflüchtet haben. Theater, Tanz, Musik, Malerei, Literatur. Eigentlich eine schöne, weite Welt, doch auch diese kann zu einer ungeahnten Enge führen.

Ich werde zum Haus eines Mannes gerufen. Das Haus hat kein Wohnzimmer, Schlafzimmer, Gästezimmer, Küche, Dachboden oder Keller. Es hatte all das einmal und die frühere Benutzung kann man noch ein bisschen von den Zimmern ableiten. Im Wohnzimmer stehen eine petrolfarbene Couch, ein weißes Klavier und goldene Lampen sowie eine Holzschrankwand im Sechzigerjahredesign, im Gästezimmer steht ein Einzelbett, im Keller Eingemachtes. Doch im Grunde ist das Haus eine Bibliothek oder ein einziges großes Arbeitszimmer. Die Bücher sind eingereiht in Regalen, aber stapeln sich auch auf den Tischen, auf dem Boden und in Kartons. Dass ein Privatmensch eine solche Sammlung besitzt, ist beeindruckend, doch in diesem Ausmaß hat sie auch etwas Erdrückendes. Besonders in den kleinen Räumen wie im Flur, wenn man sich ganz dünn machen muss. Links Bücherregale, rechts Zeitschriften und Bücher auf dem Boden und auf den Laufwegen. Selbst auf den meisten Flächen wie Regalen, Kommoden, Tischen und Stühlen ist kein Zentimeter mehr frei. Wenn man nicht mehr weiß, wohin mit einem neuen Buch, dann ist es besser, ein altes dafür abzugeben. Es gibt zurzeit Ordnungsexperten, die solche Strategien verfolgen, etwa die japanische Minimalistin Marie Kondo, die zu einem Aufräumhype in der Gesellschaft geführt hat. Aber für diesen einen Tipp erntete sie einen Shitstorm: Dreißig Bücher sind genug, so handhabe sie das jedenfalls. Ich denke, auch dreitausend Bücher sind akzeptabel, wenn man Bücher liebt. Sofern Platz dafür da ist.

Und dieser Mann mit der Privatbibliothek, ich nenne ihn Professor, der liebt Bücher. Schon immer, doch nach dem Tod seiner Frau umso mehr. Auf dem Ehebett liegen noch zwei Kopfkissen und im Schlafzimmer finde ich eine Perlenkette und einen schmalen goldenen Ehering mit der Gravur und dem Datum. Ich freue mich darüber, vielleicht auch, weil ich an Neujahr Geburtstag habe, ich lese: 1.1.1961. Auch ihre Kleidung bewahrt er auf. Kleider mit Blumen und Seidenschals. Als wäre sie nur kurz spazieren gegangen, dabei ist sie seit über zehn Jahren tot. Es wirkt hier aber nicht so, als wäre sie nur kurz weg. Es ist nicht aufgeräumt und geputzt, auch nicht vollgemüllt, aber doch zugestellt. Im Badezimmer mit den zwei Waschbecken ist eines davon mit aufgeplatzten Seifenresten versehen, alles ist weiß verkalkt und die Toilette sieht aus, als hätte man Kaffee darüber verschüttet.

In vielen Ehen früher war es eben so, dass die Frau aus einem Haus ein Zuhause gemacht hat und der Mann dieses bezahlte. Auch in diesem Fall. Die klassische Rollenverteilung wurde nicht infrage gestellt, und wenn ein Part wegfiel, wurde es schwierig. Die Frau wusste nicht, wie man eine Überweisung tätigt, und der Mann wusste nicht, übertrieben ausgedrückt, wie man die Klospülung benutzt. Doch nicht nur daraus resultiert die Hilflosigkeit, sondern auch aus dem Gefühl der Halbierung, das glaube ich jedenfalls. Paare früherer Generationen lernten sich oft schon mit 18 Jahren kennen und verbrachten alle kommenden Jahrzehnte Seite an Seite. Sie sprachen nicht von ihrem Lebensabschnittspartner, sondern bis dass der Tod uns scheidet. Sie sprachen von meiner besseren Hälfte, und wenn eine Hälfte nicht mehr da war, wie konnte man jemals wieder ganz werden? Viele junge Menschen gehen raus, tanzen, lachen, trinken. Sie sind offen für Neues oder haben sich nie in dieser Form abhängig gemacht. Doch der Professor war nun schon 80 Jahre alt und fast 50 Jahre mit seiner Frau verheiratet gewesen. Im letzten Jahr hätten sie ihre goldene Hochzeit feiern können. Ihm war ganz und gar nicht nach einem neuen Leben zumute. Ein befreundetes Ehepaar, meine Auftraggeber, ließ das jedenfalls durchblicken. Im Schlafzimmer schaut der Professor auf ein Plakat mit einem Gedicht, das eine Bank im Grünen zeigt. Die letzten Verse lauten:

Ich wünsche dir Zeit, zu dir selber zu finden,
jeden Tag, jede Stunde als Glück zu empfinden.
Ich wünsche dir Zeit, auch um Schuld zu vergeben.
Ich wünsche dir, Zeit zu haben zum Leben!

Zeit ist in dem Alter leider auch kein unendliches Gut, und jetzt, da er ins Altenheim muss, weiß ich nicht, wie viel Glück er noch empfinden wird, wenn er nicht nur ohne seine Frau, sondern auch ohne seine Bücher ist. Die haben ihm wenigstens ein bisschen das Gefühl gegeben, ganz zu sein. Er versuchte wohl wie andere auch, die Löcher in seinem Herzen zu stopfen, sich eine eigene Realität zu schaffen.

Im Kellerregal entdecke ich das Buch *Unbegreifliche Realitäten*, immer wieder schweift mein Blick über die Buchrücken. Da sind hochspannende Sachen dabei, die auch ich gerne lesen würde. Was tun wir mit all den Büchern? Am Anfang werfen wir die Bücher weg, denen wir keinen großen Wert beimessen, doch es ist besser, einen Antiquar zu Rate zu ziehen. Dieser bietet mir an, mitzunehmen, was ich möchte. Aber das kommt nicht infrage, Ehrenkodex. Ich weiß nicht, wie wertvoll die Bücher sind, aber einige davon sehen wertig aus – sie sind aufwendig gebunden, mit goldenen Verzierungen und aus dem letzten und vorletzten Jahrhundert. Trotzdem gibt es nur zehn Euro pro Kiste, und was nicht verkauft werden kann, das ist leider der Großteil, kommt in den 12-Kubikmeter-Container Container, der uns allein schon 4500 Euro brutto kostet, und wird so dem Kreislauf zugeführt. Vielleicht entstehen daraus neue Bücher oder auch einfach nur Klopapier.

Ich staune. Was für ein belesener Mann. Nicht jede Bücherratte ist belesen im Sinne von gebildet. Es gibt auch Menschen, die lesen ausschließlich Erotikromane, der Lernfaktor sei mal dahingestellt. Aber dafür sind solche Bücher ja auch nicht gedacht, sie sollen unterhalten. Der Professor aber hat kaum Bücher, die dem Genre Unterhaltung zuzuschreiben sind. Er ist ein anspruchsvoller Leser, der die Hochliteratur geschätzt haben muss. Im Keller stehen die Nobelpreisträger, in dem Zimmer mit dem Venedig-Bild sind gleich mehrere Meter mit Goethe besetzt. Er besitzt auch viele andere Werke des Literaturkanons, zum Beispiel das mittelalterliche Heldenepos *Das Nibelungenlied*, außerdem die gesamte *Brockhaus Enzyklopädie* von A bis Z. Die meisten Bücher jedoch sind Sachbücher und die Themen, die sie behandeln, breit gefächert. Von amerikanischem Theater, europäischer Kunst, Geschichte – viel Geschichte –, über Religion, Philosophie, Musik bis hin zu Medizin und Mathematik. Soweit ich weiß, war er unter anderem Mathelehrer. Er ist Dr. Dr., hat also zwei Doktortitel in irgendetwas so Spezifischem, dass ich es in der nächsten Sekunde schon wieder vergesse. Den Titel Professor trägt er also nicht wirklich, auch wenn ich ihn über die Jahre so in meinem Kopf abgespeichert habe, weil sein Wissensdurst immens gewesen sein muss. Er liest nicht nur, er klebt auch Post-its in die Wohnung mit Gedanken zu seiner Lektüre, er hat Ordner voll mit Abhandlungen und Kopien von wissenschaftlichen Texten.

In allen Zimmern sind Schubladenelemente aus Karton oder Plastik, die mit verschiedenen Themen beschriftet sind. Wahrscheinlich Themen, die ihn interessiert haben und zu denen er Material gesammelt beziehungsweise recherchiert hat. Islam, Frankreich, Italien, Libanon, Türkei, Krim, Poesie, Landschaften, Ludwig II. Warum er sich für letztere Persönlichkeit interessierte, ich weiß es nicht, gibt es Parallelen? Ludwig II. war König von Bayern, ein leuchtendes Beispiel für den Eskapismus. In Zeiten des Krieges drückte sich der König gern vor Staatsgeschäften und ließ lieber Jagdhütten, Herrenhäuser und Paläste bauen, um sich darin zu verkriechen und der Kunst und der Musik zu frönen. Auf seinem Schloss Neuschwanstein floh er in die Kompositionen Richard Wagners. Am Ende wurde er für verrückt erklärt und samt Psychiater tot im Starnberger See gefunden. Das Ende des Professors ist auch tragischer Art. Ich erfahre, dass er erblindet ist. Ich bezweifle, dass Hörbücher ihm die gleiche Freude bereiten können wie Bücher.

Die Geschichte von Ludwig II. bringt mich zum zweiten Fall des Eskapismus, in dem ein Mann die Musik vorzog. Er sammelte Instrumente über Instrumente. An der Wand hängen 20 verschiedene Flöten, Querflöten und Fiedeln, in der Ecke stehen ein Verstärker, eine E-Gitarre, ein Keyboard, ein Minikeyboard. Von der Decke hängen Streichinstrumente aus aller Welt, eine Bouzouki, wie man sie in Griechenland spielt. Auch einen Dudelsack entdecke ich sowie einen Notenständer, auf dem ein Heft liegt: »Didgeridoo spielen lernen«. Also muss das Didgeridoo auch irgendwo sein, und obwohl dieses groß sein muss, entdecke ich es nicht. Dafür kleine verzierte Trommeln, dann kommen noch weitere Instrumente dazu: ein Cello, ein Kontrabass, eine Tuba, aber das Highlight ist eine Orgel. Darüber hängt ein Porträt eines Mannes mit weißen Locken, wahrscheinlich ein Komponist, könnte Händel sein. Das Notenbuch ist aufgeklappt: Nicolas Lemmens, kenne ich nicht. Ja, der Mann, der hier lebt, könnte eigentlich ein Orchester eröffnen. Doch er ist allein, ohne allein zu sein. Er hat gespielt, um alles zu vergessen und zu verdrängen.

Aber was versucht er zu verdrängen? Ich schätze, die Realität. Die Realität ist ein Haus, das unter seiner Last ächzt, und es gibt Bewohner, die unter seiner Last ächzen. Die Bewohner sind dieser Mann und seine Frau. Beide um die 60 sie sollen vorübergehend in ein Pflegeheim ziehen. Denn das Haus soll renoviert und behindertengerecht umgebaut werden. Das erfahre ich von meiner Auftraggeberin, der Tochter, die schon seit Jahren eine lebenswertere Situation für ihre Eltern schaffen möchte. Doch es ist schwer, und das Problem seien gar nicht ihr Vater und die Instrumente, das Problem sei ihre Mutter. Sie wählt nicht wie der Vater aus, sie behält alles, was irgendwann einmal ins Haus gekommen ist und kommt. Ich frage mich, ganz vorurteilsfrei, wie es möglich ist, dass der Mann mit einem Messie zusammenwohnt, ohne selbst einer zu sein. Andere Ehepartner drohen ihrem Partner schon mit Scheidung, wenn die Socken vor der Couch ausgezogen werden und bis zum nächsten Morgen dort liegen bleiben. Es gibt aber auch die Ehepartner und Angehörigen, die eine Co-Abhängigkeit entwickeln. Dieser Begriff wird oft mit der Alkoholsucht in Verbindung gebracht. Die Sucht oder hier die Sammelwut des anderen trifft einen auch selbst. Man lebt ja in den gleichen Räumen, muss sich der Gesellschaft stellen, erlebt die Isolation. Außerdem bedeutet Co-Abhängigkeit, dass man dem Kranken durch sein Verhalten in die Hände spielt und so das Problem am Leben erhält.

»Lösungen wie Resignation und Abstand dürften zeitweise als letzter Ausweg zur Verfügung stehen«, heißt es in einer Abhandlung über Betroffene des Messie-Syndroms und deren Angehörige.[27] Diesen Ausweg, diese Notfalltür, hat der Ehemann in diesem Fall auch gesehen, er zog sich zurück und spielte. Und so hat seine Frau gar keinen Anreiz mehr gehabt, etwas zu ändern. Andererseits erzählt mir die Tochter, ihr Vater sei nicht immer so gewesen. Er habe durchaus versucht, das Haus mit seiner Frau in Ordnung zu halten, und es habe sich trotzdem nichts geändert. Der Vater habe immer mehr unter der Mutter gelitten, die Angehörigen leiden in vielen Fällen sogar mehr als die Betroffenen, aber das bedeutet für diese noch mehr Druck. Die Mutter habe trotz aller Motivationen und Maßregelungen seitens ihres Mannes weitergemacht. Dabei sagte er oft: »Jetzt lass uns doch mal aufräumen« oder: »Bitte hör auf, Dinge anzuschleppen«.

Sie sahen einmal sehr glücklich aus. Ich stehe in dem Kellerzimmer, in dem sich der Mann womöglich verkriecht, denn hier stehen viele seiner Instrumente, wie auch auf dem Dachboden. Ein Cello, das an einem Staubsauger lehnt, und daneben ein Bild mit einem Spruch: »Lehrer haben vormittags frei und nachmittags recht.«

Warum ich jedoch glaube, dass sie glücklich waren – an der Wand hängt ein großes Foto ihres Hochzeitstags im goldenen Rahmen. Die Frau in einem schlichten weißen Kleid und mit einem Strauß aus roten Rosen, schlank und jung, der Mann mit ein bisschen Babyspeck und einer Nerd-Brille. Wahrscheinlich dachte er, dass er den Jackpot geknackt hätte. Und sicher ging es ihnen auch einmal gut. Doch die Wissenschaftlerin Veronika Schröter erklärt: »Wenn das Störungsbild auftritt, wendet sich das Blatt. All das, was früher positiv bewertet wurde, ruft nun Widerstand hervor. Die Beziehung wird immer mehr durch mangelnde Wertschätzung von beiden Seiten belastet.«[28] Der eine Partner fühlt sich, als würde ihm die Luft zum Atmen genommen, der andere fühlt sich unverstanden. Heute ist von dem Paar auf dem Bild nicht mehr viel zu erkennen. Das alles hat an ihnen genagt. Sie sind gebrechlich und stark übergewichtig. Viele Messies entwickeln Nebensüchte wie Essen, aber auch Kaufsucht, es kann sein, dass in diesem Fall beides zutrifft.

Ich sehe in dem Haushalt auffallend viele Dinge, die neu aussehen oder noch originalverpackt sind und auf denen sogar noch die leuchtend orangen Preisetiketten kleben. Vieles ist in doppelter und dreifacher Ausführung vorhanden. Dutzende Wassergläser, Weingläser, Kaffeetassen, alles originalverpackt, sowie neue Kissen, Bettwäsche, Tischläufer, ein in Plastik verschweißter Wäscheständer, ein Duschkopf, nigelnagelneue Turnschuhe. Die Frau hat sich auch von vielen Produkten verführen lassen, von denen sie wohl hoffte, dass sie ihr Ordnung ermöglichen würden. Papierclips, Schubladeneinsätze, Kisten, teure Staubtücher, Schwämme im Viererpack, gleich viermal gekauft. Außerdem Produkte, die im Fernsehen angepriesen werden und von denen manche sicher sinnvoll sind, die meisten aber weniger. Weil man Donuts zum Beispiel auch gut ohne Donutmaker machen kann und weil man ohnehin niemals Donuts selber machen wird. Sie kaufte eine Arbeitslupe mit LED-Beleuchtung, einen Multifunktions-Kochkorb, einen Rasentrimmer und ein Fußpflegeset, einen Spielautomaten, doch all das ließ sie ungenutzt. Sie ist der Typ Eichhörnchen.

Ich kann mir vorstellen, dass es mal klein angefangen hat. Hier ein Fensterbrett, das nach und nach mit Deko bestückt wurde, eine chinesische Winkekatze, eine Vase, da ein Dokumentenstapel, der immer höher wuchs. Und jetzt das. Der Blick flattert von links nach rechts, nirgendwo kann er ruhen, überall gibt es etwas zu sehen, etwas, das man nicht sehen will. Ich denke, die allgemeinen Zustände in dem Haus gehören zu den schlimmsten, die ich je gesehen habe. Natürlich war der Fall, in dem die Frau in Tüten gekotet hat, noch krasser, aber hier ist es ein ganzes Haus mit drei Stockwerken, das bis obenhin voll ist und in dem die Menschen verwahrlost sind. Sogar im Treppenhaus sind die Stellen außerhalb des Geländers besetzt mit Flaschen und anderem. Der Gang durch das Haus fühlt sich an wie eine Geisterbahnfahrt, bei der man immer wieder erschreckt wird. Eine Pfanne, in der Hunderte von gestreiften Larven sind, die alle schlüpfen und zu schwarzen Speckkäfern werden. Ein Ehebett, auf dem fleckige Wäsche liegt und der Blick nach oben auf Spinnweben gerichtet ist und der Blick zur Seite auf ein Ahnenbild aus dem letzten Jahrhundert in Schwarz-Weiß. Vielleicht die Eltern oder Schwiegereltern, die einem zuschauen, sollte man jemals intim werden. Eine Abstellkammer, bei der man Angst hat, dass einem die Flaschen und Dinge entgegenrollen, sie aber auf wundersame Weise an ihrem Platz bleiben. Ein Kühlschrank, dessen weiße Türen über und über mit schwarzen Punkten übersät sind. Fliegenmaden, die meisten noch verpuppt. Und als ich einen anderen Kühlschrank öffne, sitzen da drei Mäuse. Die finde ich ja noch süß.

»Hallo ihr. Was macht ihr denn da?«, denke ich, und da sind sie auch schon durch ein Loch, das sie in den Einbauschrank genagt haben, entkommen. Der Kühlschrank an sich ist entsetzlich anzusehen, weil ich weiß, dass er noch benutzt wird. Da essen die beiden verschimmelten Joghurt, weil die Frau oder vielleicht auch beide nichts wegwerfen können. Als ich mich umdrehe, entdecke ich mehr Mäuse. Es ist ein bisschen wie bei meinem ersten Fall mit den Ratten, sie sind richtig zutraulich, schauen mich fast neugierig an und ich sie. Sie kratzen sich, und als ich näher herangehe, sehe ich, dass die Armen sich das Fell schon ganz aufgekratzt haben, sie haben kreisrunde nackte Stellen, wahrscheinlich Milbenbefall. Sogar den Mäusen geht es hier nicht gut. Dann entdecke ich Stellen in der Wohnung, die sie schon völlig auseinandergenommen haben. Die Küchenschränke sind voller Schnipsel, Verpackungen, die beinahe pulverisiert sind, weil die Mäuse daran genagt haben. Auf allen Dingen in allen Räumen liegt Mäusekot. Am Ende holen wir 58 Mäuse aus dem Haus und Unmengen an Müll und Gegenständen. Die Container füllen sich in Rekordzeit, wir sind mit sechs Mann am Schuften, über eine Woche arbeiten wir von morgens bis abends – und so wird das auch zu unserem teuersten Fall: 19 000 Euro. Aber ich hatte natürlich einen Kostenvoranschlag unterbreitet, ich sah ja schon, dass hier Arbeit auf uns zukommen würde, auf dem Boden konnte man nicht einmal treten. Ich habe die verschiedenen Zustände vermüllter Wohnungen ja bereits erwähnt und hier ist der Plunder ohne System gelagert worden. Zwar standen die unzähligen Bücher meistens im Regal und die Klamotten lagen im Bad, doch das, was später dazukam, lag auf dem Fußboden, ohne dass wenigstens Wege frei gelassen worden sind. Dort fand ich sogar ein Buch mit dem Titel *Das kann weg. Loslassen. Aufräumen. Freiräume schaffen.* Das hat leider nichts gebracht, wir waren wirkungsvoller.

TEIL 3

TATORTREINIGUNG

Der Geist

Stell dir vor, dein Chef fragt dich, ob du Leichensaft wegwischen würdest. Ja, so ungefähr war das. Das kam für mich genauso überraschend wie für eine Verkäuferin oder eine Architektin. Denn das war damals noch weit weg von meinem Alltag, damals war ich noch Angestellte in einer Firma für Schädlingsbekämpfung. Sicher, da wo Leichen sind, sind auch Insekten. Aber es ist auch andersherum: Wo keine Leichen sind, sind bald keine Insekten mehr. Das heißt, der Einsatz eines Profis ist nicht unbedingt notwendig, also rein theoretisch, wenn man viel Zeit hat. Denn dann reicht es, die Fenster aufzureißen, die Schmeißfliegen fliegen hinaus, und die Larven, die sich in Ritzen und in den Rillen verstecken, schlüpfen irgendwann und fliegen auch weg. Draußen machen sie sich über den Biomüll her, und wenn sie Glück haben, finden sie ein totes Tier. Das bevorzugen sie, aber nicht weil sie Gourmets wären. Sie ernähren sich nicht vom Fleisch, sie legen dort ihre Eier ab. Und auch die anderen Krabbeltiere verkriechen sich, wenn alles sauber ist.

Und das sollte ich jetzt tun, beziehungsweise könnte ich tun, wenn ich denn Lust hätte. Na ja, also große Lust habe ich keine, wäre vielleicht befremdlich, wenn doch. Aber ich habe auch keine große Unlust. Ich denke darüber nach, ob ich das könnte: mit dem Tod in Berührung kommen. Ich hatte eigentlich schon genug Berührungspunkte mit ihm. Meine Eltern, meine Tiere.

Mit 24 Jahren habe ich mich überdies in einem Bestattungsinstitut beworben. Da müsste ich nicht um meinen Job bangen, das ist ein todsicheres Geschäft. Laut Statistik stirbt in Deutschland alle 35 Sekunden jemand. Das sind 880 000 Menschen im Jahr.[29]

Ich überlege, wie das war, wie sich das für mich angefühlt hat. Ich war sogar zu einem Vorstellungsgespräch eingeladen, das eigentlich in die Top Ten der merkwürdigsten Vorstellungsgespräche aller

Zeiten Eingang finden müsste. Ich bekam einen Anruf und habe im ersten Moment den Namen gar nicht verstanden, doch die Stimme sagte etwas gehetzt: »Wir haben da drei Leichen.«

Es hätte die Mafia sein können oder sonst ein Verrückter, aber ich schnallte zum Glück, wer am anderen Ende war. Ich dachte, na gut, das ist für ein Bestattungsinstitut jetzt auch nicht besonders verwunderlich, dass dort Leichen lagern. Mein potenzieller Arbeitgeber meinte, es wäre eine gute Möglichkeit, um herauszufinden, ob ich für den Job geeignet wäre. In meinem Kopf ratterte es, ich hatte mich doch für eine Bürotätigkeit beworben, aber er sagte, dass es vorkommen könnte, dass ich mit ins Krankenhaus fahren müsste oder dass ich sehen würde, wie sie den Körper präparierten. Das müsste ich abkönnen.

»Also kommen Sie ganz schnell«, endete er genauso hastig, wie er angefangen hatte. Die ganze Eile verstand ich nicht, die Toten würden ja kaum wiederauferstehen und weglaufen. Und bis zur Beerdigung dauerte es ja auch immer ein bisschen. Dort angekommen, begleitete mich der Mann, mit dem ich telefoniert hatte, in den Keller. Es wurde eisig. Dort waren einige Fächer und auf Liegen drei zugedeckte Leichen. Er öffnete den Reißverschluss des Leichensacks und zum Vorschein kam ein älterer Mann. Er muss Mitte 60 oder 70 gewesen sein, ich wusste es aber nicht, alles über 40 ist für junge Menschen ja schon alt.

»Drücken Sie mal auf den Brustkorb, so fühlt sich die Leichenstarre an«, sagte mein potenzieller Chef. Das musste ich nicht fühlen, ich sah es ja – sein Mund stand offen. Würden sie ihn mit Gewalt schließen müssen?

»Drücken Sie«, sagte er nochmals. Ich führte meine Finger an die unelastische, kalte Haut, legte meine Hand jedoch nicht ganz ab und drückte auch nicht wirklich. Er öffnete den zweiten Sack und sagte dazu, dass sich dieser Mensch hier vor den Zug geworfen hätte. Er müsste so alt wie ich sein. An seiner Sprache und dem ganzen Auftreten merkte ich, dass es für ihn Routine war. Er konnte ja auch nicht jeden Tag weinen, wenn ein Leichenwagen vor seiner Tür hielt. Aber auch mir machte es nichts aus – war das so, weil ich zu dieser Zeit emotional heruntergefahren war, um nichts spüren zu müssen? Würde ich anders reagieren, wenn ich jemanden in meinem Alter sehen würde? War er überhaupt noch an einem Stück? Der Bestatter zeigte mir seine Arbeit. Ja, der Selbstmörder war wieder an einem Stück, aber der Zug hatte ihm einen Arm abgerissen, wie ich erfuhr. Sie hatten einige Meter an den Gleisen entlanglaufen müssen, um ihn zu finden, bevor sie ihn ihm dann wieder angenäht hatten. Es wäre mir nicht aufgefallen, hätte er es nicht erwähnt, denn die Decke war darüber drapiert. Trotz dieses Anblicks spürte ich keine Panik in mir aufkeimen, kein Unwohlsein, ich nahm einfach alles hin, auch als er mir zeigte, was sich in dem dritten Sack verbarg. Ich dachte erst, da wäre gar nichts drin oder allerhöchstens nur ein Kopf, aber es war ein kleiner Körper. Ein Baby.

Zu diesem Zeitpunkt hatte ich noch kein Baby bekommen und verabschieden müssen, sonst hätte dies wohl eine Wunde aufgerissen und ich hätte viel mitfühlender reagiert. Aber damals, zehn Jahre vor diesem Schicksalsschlag, ließ es mich kalt. In diesem kalten Raum mit dem kalten Bestatter. Ich dachte lediglich: »Krass, was für blaue Lippen das Kind hat.«

Aufgrund dieser Erfahrung traue ich es mir zu, die Anfrage meines Chefs anzunehmen und einen Tatort zu reinigen. An Tatorten sind ja nicht einmal mehr Leichen da, das schaffe ich doch locker. Aber wieso bin ich trotzdem aufgeregt, als es so weit ist? Okay, die Sache mit der Bestattung ist auch schon einige Jahre her und mittlerweile hat sich viel getan. Ich glaube beispielsweise an Geister. Nicht an solche, die aussehen, als hätten sie ein weißes Laken über dem Kopf, sondern an Menschen, die ihre körperliche Hülle verlassen haben. Meine Tante erzählte von meinem Onkel, der einen Gehirntumor hatte. Als er aus dem Leben schied, machte er sich trotzdem weiterhin bemerkbar. Er ließ die Lampe zu jedem Abendessen aufleuchten – obwohl diese ausgesteckt war. Das kann Humbug sein, aber mich tröstet es zu wissen, dass auch meine Eltern in der Nähe sein könnten. Und gleichzeitig verängstigt es mich, jetzt vor einer Tür zu stehen, hinter der vor nicht allzu langer Zeit jemand gestorben ist. Könnte es sein, dass er noch in dem Zimmer ist? Weil kein anderer meiner Kollegen Zeit hatte, hat mich mein Chef alleine gehen lassen, umso mehr zittern mir die Knie. Also gefühlt, zwischendurch denke ich auch immer wieder, dass es ja nicht so schlimm sein kann. Dann bin ich wieder entspannt, und dann mache ich mir wieder darüber Gedanken, was mich wohl erwarten wird, was ich sehen werde. Es ist die Angst vor dem Unbekannten. Ich drehe den Schlüssel im Schloss, versuche zu hören, ob Geräusche aus der Wohnung kommen. Nein, es ist alles ruhig, zu ruhig. Ich trete ein. Es ist eine Einzimmerwohnung. Dann stehe ich da, atme tief durch die Nase ein, versuche, mir Mut einzuatmen, das geht wirklich. Aber ich bereue es schlagartig.

Bah. Ist ja abartig. Kein Geräusch, dafür ein Geruch. Einer, den ich nie zuvor gerochen habe. Nicht einmal im Kühlraum des Bestattungsinstituts. Der Geruch des Todes, wie der riecht? Unvergleichbar, er riecht eben nach Tod. Wenn du eine Garage oder einen Keller hast und dort eine tote Maus liegt und die anfängt zu saften – dann wirst du instinktiv wissen, dass da etwas Totes liegt. Stechend, ranzig, faulig, manche sagen auch süßlich. Jetzt atme ich durch den Mund und hätte gern einen Mundschutz. Ich gehe ins Zimmer und sehe eine Lache auf dem Boden, man kann sogar erkennen, wie die Leiche dalag. Komischerweise finde ich es gar nicht so abstoßend, es ekelt mich nicht, ich muss nicht würgen. Auch meine Furcht löst sich auf. Mir fällt der längliche Fleck auf dem Nachtspeicherofen auf. Blut, daran hängen Haare. Er muss dagegen gestoßen sein, viel mehr weiß ich nicht. Genauso wenig wie ich weiß, wie man einen Tatort reinigt. Das kann doch nicht so schwer sein, bisschen desinfizieren mit einem normalen Spray, wegwischen – fertig.

Falsch gedacht. Im Nachhinein und mit meiner jetzigen Berufserfahrung muss ich zugeben, dass das totaler Pfusch war. Das Blut zog auch in die Ritzen des Holzdielenbodens. Ich handelte unverantwortlich, aber auch aus Unwissenheit. Meinem Chef und mir war nicht klar, dass der Geruch der Knackpunkt einer guten Tatortreinigung ist. Dass sich niemand beklagt hat, wundert mich, denn der Totengeruch ist einer der hartnäckigsten Gerüche überhaupt. Nach manchen Tatorten will dieser gar nicht mehr aus meiner Nase verschwinden, dann steige ich ins Auto, wo wir an der Lüftung einen Duftverteiler haben, den drehe ich auf volle Pulle und der Geruch löst sich in Luft auf. Leider funktioniert die Frische Brise oder der Tannenbaum nicht bei Tatorten, denn dort bleiben auch unsichtbare Rückstände zurück und die müssen speziell entfernt werden. Sonst wird der Geruch nur zeitweise überdeckt. Das heißt, alles, was mit dem Blut oder anderen Überresten des Toten in Kontakt gekommen ist, muss penibel von mir in Augenschein genommen werden, und dann entscheide ich, was ich tun werde. Ich suche nach den kleinsten Blutspritzern und rücke ihnen zu Leibe. Ich bin eine große Verfechterin davon, alles rauszureißen und wegzuwerfen, was nicht zu retten ist. Na gut, natürlich nicht alles, leicht abwischbare Oberflächen wie Wandfliesen können bleiben, Tapeten hingegen sollten weg. Aber es gibt noch eine andere Möglichkeit: die Ozonbehandlung – sie ist in der Relation günstiger als ein Abriss, jedoch viel gefährlicher für den Menschen. Die Begasung löst die Molekülstruktur des Geruchs auf. Aber natürlich benutze ich auch Mittel, die Gerüche neutralisieren und vor allem desinfizieren. Das wirkt nicht gegen Geister, aber so gut wie gegen alles andere. Viren zum Beispiel.

Die heilige Corona

Nachdem ich mit der Schädlingsbekämpfung nicht mehr richtig glücklich war, dachte ich darüber nach, was ich sonst noch tun könnte. Ich hatte ja während meiner Umschulung zur Schädlingsbekämpferin bereits die Ausbildung zur Desinfektorin gemacht und diese und ein zweitägiges Seminar machten mich vollends zur Tatortreinigerin.

Die Ausbildung zur Desinfektorin ging einige Wochen und der Lehrgang zwei Tage. Ich lernte die Grundlagen der Infektionslehre, der Desinfektion und Sterilisation. Außerdem etwas Chemie und etwas über Arbeitsschutz. Auch lernte ich die Produkte kennen, die nur Desinfektoren verwenden dürfen, zum Beispiel wegen der Verätzungsgefahr. Aber für die Realität war ich nicht ganz gewappnet. Theorie und Praxis unterscheiden sich eben, auch wenn die Ausbildung praktische Inhalte vermittelte. Diese sahen beispielsweise dann so aus: Der Dozent kippte einen Eimer Blut auf den Boden. Dunkles, dickes Blut, Schweineblut. Abseits der Laborrealität verteilt sich das nicht nur auf dem Boden, sondern zieht ein, aber das war ja nur der Anfang.

»Freiwillige vor«, sagte der Dozent und wartete nicht auf die Freiwilligen, sondern zeigte auf mich. Ich nahm die größeren Tücher, im Grunde Zewa, und saugte das Blut damit auf. Ich desinfizierte alles und der Dozent sagte: »Och, Frau Schweitzer, Sie machen das aber gut.«

Und ich frage mich, was daran ist gut zu machen oder weniger gut, ich knie auf allen vieren und schrubbe, das ist nicht unbedingt Raketenwissenschaft. Trotzdem hatte ich im Arbeitsleben einige Probleme zu lösen – reinigungstechnische Probleme. Ich wurde Tatortreinigerin. Denn nicht nur von der Schädlingsbekämpfung zur Desinfektorin war es ein logischer Schritt gewesen, sondern auch von der Desinfektorin zur Tatortreinigerin.

Dass mein später ausgebautes Wissen in der professionellen Desinfektion jemals von großer Bedeutung sein würde, hätte ich nicht gedacht. Aber ich hätte auch nicht gedacht, dass sich eine weltweite Pandemie entwickelt. Anfang des Jahres 2020 sagten sich die Leute, es gebe ein Comeback, die Goldenen Zwanziger. Dass 1920 die Spanische Grippe grassierte, daran dachten sie nicht. Man richtete zwar den Blick auf China, wo sich ein neuartiges Virus namens Corona ausbreitete, das die Lungenkrankheit Covid-19 auslöste. Aber die Gefahr war noch weit weg. Ich machte meine Arbeit und einige Wochen später machten sich die Leute über Desinfektionsmittel und Masken her, als gäbe es das neue iPhone – kostenlos. Da diese Mittel unverzichtbar für meine Existenz sind, begann auch ich, mein Lager zu inspizieren. Ich versuchte, die Produkte zu bestellen, die ich immer benutze, aber einige meiner Lieferanten sagten, es gebe Lieferverzögerungen: so ungefähr ein halbes bis ein Jahr. Ich wich auf andere Produkte aus, aber auch das war schwierig, obwohl es hieß, dass Dienstleister den Privatpersonen vorgezogen würden. Ich fände es ja gut, wenn jeder Mensch eine Maske hätte, für mich könnte es auch so wie in Asien sein, wo man nicht dumm angesehen wird, wenn man sich während der Grippesaison besonders schützt. Leider gibt es einfach nicht genug für alle. Auf das Handdesinfektionsmittel, das ich bestellte, warte ich bis heute, und für Schutzausrüstungen war es fast zu spät, nur durch Vitamin B war es mir möglich, noch welche zu bekommen. Trotzdem »knallte« ich mein Lager voll, ich gab knapp über 10 000 Euro dafür aus.

Am 17. März erfolgte dann der Shutdown in Deutschland, Geschäfte und Institutionen, Schulen sowie Kindertagesstätten schlossen, Mitarbeiter wurden ins Homeoffice und in Kurzarbeit geschickt. Und mein Telefon stand nicht mehr still. Darunter war ein Freund, ein Unternehmer. Seine Mutter sei im Krankenhaus und dort gebe es nicht mal mehr Atemschutzmasken. Im Internet macht man sich darüber lustig, dass Masken mittlerweile gegen Einfamilienhäuser eingetauscht werden könnten und dass sich auf den Rollfeldern der Welt Hollywood-Szenen abspielen. China verkauft eine Lieferung Masken an Frankreich, doch die USA bezahlen mehr und lassen die Lieferung in ihr eigenes Flugzeug einladen. Das alles ist absolut unmoralisch, und so spende ich einen Teil meiner Atemmasken. Den anderen Teil behalte ich, denn mein Telefon steht weiterhin nicht still.

Die Menschen haben Panik vor der unsichtbaren Gefahr. Schulen, Krankenhäuser, Supermärkte, Büros, öffentliche Einrichtungen, alle möchten ihre Räume desinfiziert wissen. Die *Bild* titelt mit »Tatortreiniger wird zum Corona-Killer«, so wie mir geht es jetzt den meisten meiner Zunft. Ich berate Kunden, erstelle mit ihnen Notfallpläne und habe unzählige Besichtigungen, etwa in einem Büro im Frankfurter Bankenviertel. Es befindet sich in einem Hochhaus im elften und zwölften Stock und umfasst 5000 Quadratmeter. Wir sprechen darüber, was vorbereitet werden muss. Die Lüftungsanlage muss abgeschaltet werden, damit das Desinfektionsmittel, das ich mit einem Kaltvernebelungsverfahren anwende, nicht in andere Stockwerke dringt. Außerdem müssen die zwei-, dreihundert Feuermelder im Vorfeld abgeschaltet werden, denn diese würden definitiv losgehen, da sich der Sprühnebel und Rauch ähnlich sind. Dann muss es eine Brandwache geben, damit der Qualm schnell entdeckt werden kann, falls es zu einem Kurzschluss kommt. 5000 Quadratmeter bedeuten einen Riesenaufwand, aber auch ein großes Umsatzvolumen, dafür würde ich Tausende von Euro bekommen. Diese muss ich mir durch die Lappen gehen lassen, denn mein Unternehmen ist dafür zu klein und so auf die Schnelle hatten Kollegen und Aushilfen keine Zeit. Außerdem ist mein wichtigster Mitarbeiter, mein Mann, in Kurzarbeit und passt nun auf das Kind auf, deshalb können wir das einfach nicht leisten.

Ich nehme stattdessen kleinere Aufträge an, das sieht dann so aus: Ich bin in einem 28 Quadratmeter kleinen Büro, in dem eine Mitarbeiterin saß, die zu ihrer infizierten Tochter Kontakt hatte.

Damit die anderen Mitarbeiter sich keine Sorgen machen müssen, soll alles von Mikroorganismen, von Viren und Keimen befreit werden. Das Coronavirus ist noch nicht sehr gut erforscht, aber man weiß, dass es auf viele und besonders auf mein spezielles Desinfektionsprodukt empfindlich reagiert. Dieses als voll viruzid zugelassene Mittel durchdringt die Hülle des Erregers und zerstört ihn. Wegen der Form, die wie ein Kranz oder eine Krone aussieht, heißt er übrigens auch Corona. Ein weiterer Funfact: Es gibt eine Heilige, die Corona heißt, und auch wenn man sich noch nicht so ganz einig ist, sagt man, dass sie in Zeiten der Seuchen angerufen wurde. Die Patronin bitte ich nicht, ich habe meine Tücher und mein Wasserstoffperoxid. In den Büroräumen mache ich erst eine Scheuer-Wisch-Desinfektion, denn die Ansteckung kann nicht nur über Tröpfchen-, sondern auch über Schmierinfektion über Oberflächen erfolgen. So muss alles, was berührt werden kann, geputzt werden. Jeder Stift, jeder Locher, jede Kante, jede Türklinke, jede Taste, jedes Telefon, jedes Kabel. Das dauert ein bisschen und ich wische und wische in kreisenden Bewegungen. Als ultimativen Killer führe ich zum Schluss noch eine Raumbegasung mit Desinfektionsmittel durch. Angst, mich bei der Arbeit anzustecken, habe ich keine, da ich geschützt und äußerst aufmerksam bin. Dann ist die Arbeit auch schon erledigt. Für den Moment.

Die ein oder anderen Interessenten an einer Raumdesinfektion sagen gerne so etwas wie: »Machen wir es jetzt, dann haben wir es hinter uns.« Aber das stimmt nicht, Desinfektion ist eine never ending story. Der nächste Mitarbeiter kann unabsichtlich etwas berührt haben, an dem der Erreger war, und trägt ihn wieder in die sauberen Räume. Das Stichwort ist aber: kann. Es gibt bessere Möglichkeiten, seine Scheine aus dem Fenster zu werfen. Deshalb rate ich, erst dann eine Desinfektion durchführen zu lassen, wenn es einen konkreten Verdachtsfall gibt, ansonsten helfen Händewaschen, Abstand, nicht ins Gesicht fassen etc. mehr, als jede Woche eine teure Desinfektion vorzunehmen. Klar, ich hätte gern mehrstellige

Summen auf meinem Konto, aber mein Gewissen wiegt mehr als Geld.

So ist es vielleicht auch kein Wunder, dass es sich viele anders überlegen und ich im Endeffekt nicht so viele Aufträge bekomme. In einem Zeitraum von zehn bis elf Tagen wurde bei mir ein Auftragsvolumen von 200 000 Euro angefragt, aber verdient habe ich es nicht. Die Summen, die zu bezahlen wären, sind dem ein oder anderen doch zu hoch für eine Dienstleistung, deren Wirkung man nicht sehen kann. Es könnte ja auch nur Wasser verspritzt werden, übertrieben gesagt. Aber meine Produkte und meine Arbeitszeit kosten, ich bin sehr gewissenhaft, und so bleibt es oft bei einem Angebot. Aber das ist in Ordnung, so bleibt mehr Material für ernste Fälle und die Entrümpelungen und die Tatorte über.

Der Kleiderschrank

Im Sommer riefen mich die Inhaber einer Ferienwohnung an, so kam ich zu meinem ersten Mord. Ich habe natürlich niemanden umgebracht, es war nur der erste Tatort, an dem ein Mord geschehen ist. Und es war für mich nicht nur der erste, sondern auch der bisher letzte. Manche Menschen glauben, Mord und Totschlag gehöre zu Deutschlands Alltag. Immerhin kommt dieser in den Nachrichten vor und beim sonntäglichen *Tatort* und all den anderen Kriminserien. Letztendlich ist es nicht alltäglich, aber doch täglich. Im Jahr 2017, als ich zu diesem Tatort gerufen wurde, verloren 405 Menschen durch die Hand anderer ihr Leben, genauer gesagt durch Mord.[30] Doch in meinem Landkreis in Rheinland-Pfalz waren es 27 Menschen und ein Jahr später 14.[31] Es gibt also gar nicht so viele Morde, aber einige Tatortreiniger. Ob ich nun einen Tatort reinige, an dem ein Mord geschehen ist oder ein Todesfall ohne Fremdverschulden, ist für mich nicht relevant. Jeder Tatort ist ähnlich, ich muss ihn von Blut und toter Materie befreien. Ob es ein Suizid, ein Unfall, ein natürlicher Tod oder ein Mord war, das kann ich anhand der Spuren nicht eindeutig erkennen, ich kann nur spekulieren, und nicht einmal das tue ich immer. Ich soll ja den Tatort reinigen und nicht Spuren sichern. Ich weiß nur, was die Auftraggeber mir erzählen – oder mir erzählen wollen, denn ich stelle keine bohrenden Fragen, so groß ist meine Neugierde dann doch nicht. Bei meinem ersten Mord jedenfalls erzählen mir die Inhaber der Ferienwohnung, dass darin eine Frauenleiche gefunden wurde. Die Polizei und die Bestatter seien schon da gewesen, und wenn ich schon anrücken würde, könnte ich die anderen Ferienwohnungen, die ihnen gehören, doch gleich mit auf Zack bringen. Das scheint mir sehr pragmatisch, aber was sollen die Inhaber mir auch ihr Seelenleben offenbaren. Bestimmt ist es nicht schön, so etwas mitzubekommen, möglicherweise haben sie die Leiche sogar entdeckt. Aber es muss ja weitergehen. Das ist das Leben – für manche hört es auf, für manche beginnt es und für andere geht es einfach weiter. Ich vereinbare wie immer eine Begehung und erzähle meinem Mann davon, der auch schon sagt: »Ach, das ist bestimmt der Fall aus der Zeitung.« Er habe einen Artikel gelesen und die Überschneidungen seien groß. Die gleiche Stadt, eine Frauenleiche, eine Ferienwohnung. Er las, dass es nicht leicht gewesen sei, die Frau zu identifizieren. Aber es handele sich um eine 21-Jährige, die bereits seit dem ersten März vermisst wurde. Erst vier Monate später wurde sie entdeckt, wahrscheinlich erschwerte das die Identifikation. Vier Monate, mittlerweile sind seit ihrem Verschwinden aber fünf Monate vergangen, und ich frage mich, ob das wirklich unser Fall sein kann. Aber auch das ist anders als in Serien, der Tatortreiniger wird nicht mitten in der Nacht gerufen und legt dann gleich mit der Arbeit los. Es ist durchaus möglich, dass ein Monat vergeht, bis ich Zugang bekomme. Denn erst muss die Kripo ihre Arbeit am Tatort abgeschlossen haben, und das kann nun mal dauern.

Am Tag der Besichtigung führen mich die Inhaber durch ein schmiedeeisernes, schönes Tor. Im Grunde sei nur der Mann der Inhaber, die Frau sei angestellt. Doch es sei ihr gemeinsames Anwesen. Ja, Anwesen trifft es. Von außen kann man dessen Größe gar nicht erfassen, erst wenn man sich darauf bewegt, über den Hof, durch die Studentenwohnung, die Ferienwohnungen. Es sind um die 500 Quadratmeter Wohnfläche, das ist alles zu reinigen, aber das traue ich meinem Team und mir zu. Vieles sei ein bisschen in die Jahre gekommen, aber das Paar wolle etwas Geld in die Hand nehmen. Sie hätten ja auch schon angefangen mit den Renovierungsarbeiten und bei ebendiesen sei die Frau entdeckt worden.

Wo? Sie zeigen auf das entsprechende Zimmer.

Ich sehe nichts.

Wo? Sie zeigen auf den Schrank. Ein einfacher Buchenschrank, ich sehe rein und finde nur einige Blutstropfen, nämlich da, wo ein Kärtchen mit der Zahl 1 und ein schwarz-weißes Band angebracht worden sind. Jetzt sehe ich auch die Flüssigkeit. Dann erfahre ich, wie sie in dem Schrank gefunden wurde. Sie war in Folie gepackt und in den schmalen Schrank gesteckt worden. Ich atme hörbar aus. Das ist schon krass. Allein schon, dass ein Mensch einen anderen tötet. Ein Mensch, der Träume und Gefühle hatte. Das ist nicht nur krass, das ist grausam. In anderen Ländern wäre die Frau jetzt erst volljährig geworden. 21. Sie hätte noch gut 60 oder 70 Jahre leben können. Was hätte sie alles machen können, wenn sie nicht diesem Mann begegnet wäre, dem Mieter dieser Wohnung. Ein Asylbewerber aus Afghanistan. Die Vermutung liegt nahe, dass er etwas mit dem Tod der Frau zu tun hatte. Oder warum hätte er sonst eine Leiche in seinem Zimmer haben sollen? Außerdem macht ihn verdächtig, dass er abgehauen ist. Sechs Tage nachdem die Frau vermisst worden ist, hat er die Landesgrenzen überquert. Vielleicht hat er mehr gewollt? Vielleicht waren sie zusammen und es gab ein Eifersuchtsdrama? Aber die Kriminalpolizei soll mal ihre Arbeit machen und ich mache meine. Dass sie ihre Arbeit schon begonnen hat, ist ganz deutlich zu sehen. Die weißen Fensterrahmen sind grau, wahrscheinlich vom Puder, mit dem sie die Fingerabdrücke sichtbar machten. Sie sind fündig geworden und haben auch noch andere Spuren gefunden, alle sind nummeriert. Ich ziehe die Klebestreifen Nummer zwei bis sechs von den Fenstern ab, sprühe sie ein und putze sie, bis die Sonne von draußen auf den Schrank scheint.

Dann treten mein Team und ich den Schrank ein – Holzspäne und Lack fliegen durch die Luft und legen sich auf den grünen Teppich mit dem Rautenmuster. Wir tragen den Schrank in den Container, eine Tür nach der anderen. Wir reißen den Teppich raus, der die Flüssigkeit aufgesaugt hat. Der Beton darunter ist mit einem großen Fleck versehen. Wir schneiden den Fleck raus, bis auf die alten Grundmauern, bis nur Stroh, Holzbalken und Stein bleiben. Dann nehme ich mir das Bad vor, das bei der Besichtigung für eine Überraschung gesorgt hat: als hätten Kinder sich mit blauen Farbbomben beworfen und anschließend versucht, es zu verwischen. Was soll das denn? So etwas habe ich noch nie gesehen. Ich wische und bewege meine Hand tausendmal hin und her, wringe den Schwamm aus. Doch die Fugen sind noch leuchtend blau, immerhin wirken die Fliesen wieder weiß. Von weit weg zumindest. Ganz weit weg. Ansonsten sieht es aus, als hätten die weißen Fliesen Adern. Denn sie haben kleinste Risse, so dünn wie Haare, in denen sich die Farbe abgesetzt hat. Das muss ich dann wohl verschieben und mit den Inhabern sprechen. Ich kann ja nicht zaubern, die Fugen könnte ich vielleicht noch abschleifen, aber die Fliesen – da kann man höchstens noch eine zweite Schicht Fliesen darüberlegen. Aber das lohnt sich nicht. In Absprache legen wir das Bad in Schutt und Asche.

Persönliche Gegenstände muss ich nicht entsorgen, der Mann hat alles mitgenommen. Dafür ist die Wohnung der Toten so geblieben, wie sie sie verlassen hat, das ist später in der Zeitung zu lesen. Sie fehlte ihrer Familie in Schweden und im Iran, die Frau telefonierte täglich mit ihren Angehörigen. Außerdem ließ sie Mitte März einen wichtigen Termin verstreichen, weshalb die Polizei vermutete, dass ihr etwas zugestoßen sein könnte. Es wundert mich, dass die Inhaber so lange nichts gerochen haben, kein Nachbar, niemand auf der Straße, aber die Tüte muss den Verwesungsgeruch gut zurückgehalten haben.

In einer seriösen überregionalen Zeitung stand, dass die Frau Iranerin sei, andere meinten, sie sei Afghanin. Sicher ist, dass sie seit 2016 in Deutschland war, seitdem hat sie ihr Facebook-Profil nicht mehr aktualisiert. Auf dem Foto streckt sie frech die Zunge raus und auf dem Banner darüber ist ein kleiner Junge zu sehen. Ihr Sohn? Ihr Bruder? Sicher ist auch, dass sie Asylbewerberin aus Afghanistan war. Vielleicht verband sie dieser Hintergrund mit dem sieben Jahre älteren Afghanen, in dessen Wohnung sie gefunden wurde. 2,6 Millionen Afghanen flohen aus ihrem Land und sind damit die zweitgrößte Flüchtlingsgruppe in der Welt nach den Syrerinnen und Syrern. Die Gründe: Unterdrückung, Verfolgung,

Menschenrechtsverletzungen.[32] Hier glauben sie sich in Sicherheit und dann das. Solche Geschichten befeuern Fake News. Im Internet verbreitete sich eine Meldung, wonach der afghanische Verdächtige seine Nachmieterin getötet haben soll – obwohl die Inhaber der Ferienwohnung ausschließen, dass die Verstorbene Nachmieterin war, und obwohl die Polizei mittlerweile von einer Beziehungstat ausgeht. Deshalb, so die Aussage der Fake News, solle man Vermieter meiden, die an Flüchtlinge vermieten, man solle sich von ihnen sogar eine Herkunftsbestätigung aller Mieter geben lassen. Das ist schäbig, auf so vielen Ebenen. Ein Mensch ist gestorben und man verbreitet Angst vor anderen Menschen, die damit nichts zu tun haben. Doch dieser Mensch, der damit zu tun hat, der sollte nicht mehr glücklich werden dürfen. Am 13. November wird Haftbefehl gegen ihn erlassen. Wegen Totschlags, nicht einmal wegen Mordes. Die Staatsanwältin sagt in einem Pressestatement, die Ermittlungen hätten ergeben, dass die Frau getötet wurde. Das ist keine Überraschung, die Frau hat sich wohl kaum selbst in Plastikfolie eingewickelt. Aber es hätte ja auch ein Unfall sein können.

Weiterhin sagt sie, dass die Ermittlungen aufwendig gewesen seien dass Zeugen vernommen und kriminaltechnische und rechtsmedizinische Untersuchungen durchgeführt worden seien. Davon konnte ich mich ja selbst überzeugen. In dem Bad haben sich natürlich keine Kinder ausgetobt, aber fast. Das war eine Art Trainingslager für Azubis der Spurensicherung. Die haben mit ihrem Zeug rumhantiert, Verschiedenes ausprobiert und das Bad verhunzt. Die Rechnung haben die Zuständigen dann aber auch übernommen. Der Nachwuchs muss ja lernen, und um einen Mord aufzuklären, sind auch viele Mittel recht.

Dieser Fall wurde gelöst, aber der Verdächtige wurde nie geschnappt. Die Frau mit den schwarzen großen Augen und dem schwarzen Pony hat keine Gerechtigkeit erfahren.

Der Hühnerknochen

Wenn ich bisher bei nur einem Mord eingebunden war, was mache ich denn sonst den ganzen Tag neben den Messie-Entrümpelungen? Am häufigsten werde ich zu Leichenfundorten gerufen, an denen kein Verbrechen passiert ist, sondern jemand durch einen Unfall oder eine Krankheit zu Tode kam. Am zweithäufigsten sind Suizide.

Diese Tatsache enttäuscht wohl so manche Anrufer, die zu viele Krimis gesehen haben und sich jetzt mit Sensationslust in der Stimme nach Praktika oder Azubi-Stellen bei mir erkundigen. Ich mag ja keine Kriminalfilme oder -serien, ich kann mich dafür einfach nicht begeistern. Tierdokumentationen sind schon eher meins. Mit Krimi hat meine Arbeit nichts zu tun, ich mache zwar Blutspritzer weg, aber ich analysiere sie nicht. Da sind die Anrufer besser bei der Kripo oder bei der Spusi aufgehoben, wo sie Räume blau färben können, die ich dann wieder weiß machen darf. Wahrscheinlich ist es sogar beim Bestatter spannender. Ich bin nur so etwas wie der Fleckenteufel, nur nicht zu Hause, ich kenne keine Großmuttertricks, allerhöchstens, dass man Weinflecken mit Salz einreiben soll. An Tatorten benutze ich kein Salz, keine Kernseife, sondern spezielle Präparate. Wie man tote Materie wegbekommt, das weiß ich, obwohl ich mich auch erst informieren musste. In meinem Lehrgang lernte ich darüber nicht so viel und die Vertreter raten einem immer zu ihren Produkten, deshalb rief ich am Anfang meiner Laufbahn erst mal bei Tatortreinigern in Berlin an. Ich dachte, in der alten Heimat würden sie nicht denken, dass ich ihnen die Arbeit wegnehmen will, und unter Kollegen könne man sich ja helfen. Als Antwort bekam ich: »Das musst du selber wissen.« Ich wusste es nicht, aber ich lernte es durch Trial and Error. Ausprobieren und wieder probieren – und heute komme ich mit Flecken aller Art klar. Wie der berühmteste Tatortreiniger Deutschlands, wenn auch nur eine Kunstfigur, aus der gleichnamigen Serie sagt:

»... und hier der verfluchte Fleck ... in 'ner halben Stunde ist der weg. Denn ich bin Tatortreiniger, bin der beste Entferner aller Leichenreste. Ich bin der Schrecken aller Flecken. Ich putz Schnecken aus den Ecken. Maden, Kakerlaken, Zecken und auch Würmer, die schon an der Leiche lecken. Ich bin der mit den Abfallsäcken, der verschimmeltes Geschirr in Abwaschbecken ... reinigt. Und auch blutverspritzte Wände, Decken ... Vor mir kann sich kein Schmutz verstecken. Ich bin Tatortreiniger. Ich bin der Putztitan. Und wo andere sich übergeben, fängt meine Arbeit an!«[33]

Wenig glamourös, und trotzdem scheint die Branche seit dem Einschlagen der Serie einen Boom zu verzeichnen, zumindest gefühlt, Erhebungen gibt es keine, doch ich bekomme ziemlich oft Anfragen. Die seltsamste kam von einem jungen Mann, kaum im Stimmbruch.

»Kann ich bei Ihnen Gutscheine kaufen?«, fragt er.

»Gutscheine?«, frage ich. Wie bei H&M oder was, wo man eine Guthabenkarte hat, mit der man an der Kasse zahlen kann? Aber er meint einen Gutschein für seine Mutter, die gerne einmal für einen Tag Tatortreinigerin wäre.

»Kann sie denn mit anpacken?«, frage ich.

Nein, sie hätte Multiple Sklerose, sie würde nur zuschauen wollen. Ja, sind wir denn hier beim Sightseeing oder was? Es gibt nichts zu sehen, das sind echte Menschen, die gestorben sind. Solchen Leuten ziehe ich dann auch schnell den Zahn, obwohl ich den Jungen irgendwie süß finde, wie er seiner Mutter zum Geburtstag eine Freude machen will. Ich sage dann, dass der Job sicher anders ist, als sie ihn sich vorstellen. Wir Tatortreiniger seien eigentlich besser bezahlte Entrümpler. So wie wir damals den Kleiderschrank und den Boden wegwerfen mussten. Wir machen oft einfach die Immobilie leer und schleppen den Inhalt teilweise aus dem dritten, vierten Stock.

»Ach so, o. k.«, sagen die meisten enttäuscht und legen auf. Besser so, denn Menschen, die wirklich Interesse haben, lassen sich nicht abschrecken. Ich kann keinen Auszubildenden gebrauchen, mit dem ich beispielsweise 200 Kilometer fahren muss und der sich nicht ins Zeug legen will, und auch keinen, dem vielleicht schlecht wird, weil es doch anders ist als im Fernsehen.

Der Grund, warum wir so viel entrümpeln, ist auch der, dass an vielen Leichenfundorten Messies oder Menschen mit Tendenz zur Unordnung lebten. Das kann daran liegen, dass sie körperlich oder seelisch nicht dazu in der Lage waren aufzuräumen, weil sie älter sind und so weiter. Oft liegen die Menschen tagelang, sogar monatelang in ihren Wohnungen, ohne dass sie jemand vermisst. Schulfreunde haben ihre eigenen Familien, Kinder haben sie keine oder nur welche, die sich nicht für sie interessieren. Sie sind ganz allein und sie sterben allein. Erst die Nachbarn werden durch den penetranten Geruch im Hausflur auf sie aufmerksam. Oder es fällt auf, dass sie eine offene Rechnung haben, mit Steueridentifikationsnummer werden wir geboren und mit dieser scheiden wir auch aus dem Leben. Es ist traurig – die Einsamkeit und die Anonymität in unserer Zeit führen zu vielen solcher Vorkommnisse. Wissen wir denn, wer um die Ecke wohnt, wie es ihm geht? Manchmal habe ich Angst davor, dass solche Todesumstände auch mir bevorstehen. Meine Tante sagte schon früher: »Janine, du bist ein Eremit.« Damals wusste ich noch gar nicht, was ein Eremit ist, aber ja, ich brauche meinen Raum, meine Ruhe. Aber da ich mittlerweile einen Mann und ein Kind habe, wird mich dieses Schicksal vielleicht doch nicht ereilen.

Viele Messies hingegen schon. Einer der berühmtesten Messies starb sogar wegen seiner Unfähigkeit, Dinge wegzuwerfen. Er wurde 1947 unter seinen Zeitungen vergraben und später so gefunden. Die Rede ist von Langley Collyer aus New York. In die Historie ist der Fall als Tod der Collyer-Brüder eingegangen, da in dem Haus auch Langleys blinder Bruder Homer wohnte, den er mitversorgte. Er soll ihm wöchentlich Hunderte Orangen zu essen gegeben haben, weil er glaubte, die könnten ihm das Augenlicht zurückgeben.

Zu seiner bevorzugten Sammelleidenschaft, dem Aufbewahren von Zeitungen, sagte Langley: »Ich hebe die Zeitungen für Homer auf, damit er die Nachrichten einsehen kann, wenn er seine Sehkraft wiederbekommt.«[34] Leider stellte sich Langley damit selbst eine Falle und tragischerweise auch seinem Bruder. Als er starb, verhungerte dieser.

Auch ich habe Aufträge, bei denen Messie-Entrümpelungen und Tatortreinigungen sich verbinden. Dann fahre ich zu den Leichenfundorten, desinfiziere, werfe den Müll weg – Verpackungen, Kaputtes, eigentlich alles, was nicht wertvoll oder von Bedeutung für den Betroffenen ist. Außerdem werfe ich auch alles weg, was mit Leichenflüssigkeiten und Blut kontaminiert ist und nicht gereinigt werden kann. Da freue ich mich, wenn ich einen »Glücksfall« habe. Das sind zum Beispiel Menschen, die in ihrem Bett gestorben sind oder auf sonst irgendetwas, das sich leicht und rückstandslos entfernen lässt. Hört sich makaber an, ist aber besser für alle Beteiligten. Ich kann die Matratze wegwerfen, drum herum wischen und desinfizieren und schon bin ich wieder weg.

Das war beispielsweise bei einem Mann so, der allein und sehr isoliert lebte. Er hatte keinen Kontakt mehr zur Familie, und der Nachbar, der den Schlüssel hatte, sagte, dass er ein schwieriger Mensch gewesen sei. Ich räumte die Wohnung aus, da er Tendenzen zum Messie, mindestens aber zu Unordnung aufwies. Da lagen Klamotten auf dem Boden und Briefablagekästen neben dem Bett, in dem er verstarb. Auf diesem war ein Fleck, der etwa einen Meter im Durchmesser maß. In der Mitte dunkler wegen des Bluts. Ich warf die Matratze weg, das war's, wie auch beim nächsten Fall.

Eine Frau verstarb relativ jung, mit Anfang 50 an einem Herzinfarkt. Auf ihrer Rattancouch. Das ist echt bitter, da denkt man sich nichts dabei, schaut vielleicht gemütlich Fernsehen, isst ein paar Gummibärchen, und dann ziept es und schon ist man Geschichte. Die Couch transportierte ich ab, da schon Flüssigkeit aus dem

Körper ausgetreten war. Das Laminat wollte ich nicht herausreißen, weil ich nichts Verdächtiges entdeckt hatte, aber ich putzte es trotzdem gründlich, wie auch den Fahrstuhl und die Laufwege. Ich sagte dem Sohn, dass er anrufen sollte, wenn es noch Probleme mit dem Geruch geben sollte. Gab es aber nicht, der Auftrag war erledigt. In dem Fall war es gut, dass die Frau bereits nach zwei Tagen gefunden worden war, auch für ihre Katze. Oft ist es so, dass die Haustiere, jeder Hund, jeder Piepmatz, elendig sterben.

Zwei weitere Fälle, in denen Menschen im Bett starben, hatte ich in einem anderen Haus. Ein älterer Mann starb im Bett, der Reinigungsaufwand hielt sich in Grenzen, aber warum ich es überhaupt erwähne: Das Besondere war, dass in dem Mehrfamilienhaus zur gleichen Zeit noch ein weiterer Herr verstarb, und die beiden Fälle hingen nicht zusammen. Da liegt der eine im Erdgeschoss und der andere im zweiten Obergeschoss, was für ein Zufall. Im Obergeschoss, eigentlich im Hochparterre, war die Arbeit dann auch ambitionierter, der Mann war zwar ebenfalls im Bett aufgefunden worden, aber irgendwo gab es ein Leck und wir mussten den ganzen Bodenbelag öffnen, bis auf den Estrich. Da die Wohnung sowieso saniert werden musste, war es nicht so schlimm, seit den Fünfzigerjahren war anscheinend nichts mehr gemacht worden, die riesige Therme hatte fast Museumswert, wie auch die Badewanne, die auf antiken Füßen stand. Hinzu kam, dass der Mann zu Lebzeiten das Vermüllungssyndrom hatte. Wie für dieses Syndrom üblich, hatte er noch eine Nebensucht: Alkohol. Überall lag »blubbriger Kram«, wie ich es nenne, undefinierbare, verrottete Lebensmittel, verschüttete Flüssigkeiten, was auch immer. Außerdem stank es nach faulen Eiern. Die fehlende Hygiene, der Müll, die Verwesung eines Menschen mit ungesundem Lebensstil, das gibt einen erstklassigen Geruchscocktail.

Ich werkele also vor mich hin und mache mit meinem Mann die Wohnung sauber, als er ruft:

»Guck mal hier, da sind Hühnerknochen.«

Bei uns wird die Arbeit nie langweilig, wir unterhalten uns auch schon mal, ich gehe also zu ihm rüber und er zeigt mir die drei Knöchelchen.

»Hühnerknochen«, sage ich und fange an zu prusten.

»Was denn?«, sagt er und ich merke, dass er es wirklich ernst meint. Ich sage ihm, dass die Knochen nicht von einem Huhn stammen, viel eher seien das Menschenknochen. Zwei Wirbelknochen und ein Knochen aus dem Handrücken.

Das ist wirklich interessant, dass der Mann schon nach fünf Monaten skelettiert ist, aber wenn die Umstände ähnlich sind wie beim nächsten Fall, erklärt sich das durch die Umgebung.

Körperflüssigkeiten

Meine Füße stecken in Gummistiefeln, meine Hände in Einmalhandschuhen, mein Kopf in einem astronautenähnlichen Helm und mein Körper in einem Schutzanzug der Kategorie drei, die für »tödliche Gefahren« steht. Das heißt, die Chemikalien haben keine Chance, mich zu verätzen, und das Blut kann mich nicht infizieren. Hepatitis-B-Viren überleben beispielsweise noch 80 Tage nach dem Tod. Und Blut ist hier reichlich vorhanden, und nicht nur das – der Mann, der hier gestorben ist, ist förmlich ausgelaufen. Der Mensch besteht ja zu 70 Prozent aus Wasser und diese 70 Prozent sind hier bestimmt auf dem Boden. So kommt es mir jedenfalls vor, denn die Lache bedeckt den gesamten Badezimmerfußboden und den Flur. Vielleicht hat das Haus auch eine leichte Schieflage, nur ein Grad Unterschied und schon fließt es aus dem Badezimmer heraus. Ich schaue in die Lache wie ein Kind in eine Regenpfütze. Grübelnd. Das sind nicht nur Wasser und Blut, der Mann hat schon angefangen zu verwesen, gut, verwesen tut ein Toter schon nach fünf Minuten, aber was ich eigentlich meine, ist: Der Tote fing schon an zu faulen. Und das ist nicht das Gleiche, vor allem ist es nicht das Gleiche für meine Arbeit. Vielleicht ist es an dieser Stelle hilfreich, etwas über die Biochemie zu erfahren. Für mich sind die Tatorte am besten, die erst vor einigen Stunden zu solchen wurden oder die schon mehrere Jahre alt sind. Das liegt an den unterschiedlichen Stadien des Leichenabbaus, anhand derer Kriminalbiologen beispielsweise den Todeszeitpunkt bestimmen können. Dafür müssen sie auch auf die Umgebung achten. Die Casper'sche Regel besagt, dass sich eine Leiche an der Luft am schnellsten zersetzt, in der Erde braucht sie hingegen doppelt so lange und unter Wasser achtmal so lang.

Wenn das Herz eines Menschen aufhört zu schlagen, kann das Blut nicht mehr im Körper zirkulieren, es sinkt nach unten und sammelt sich dort. Deshalb bilden sich rötlich-violette Totenflecken. Die Körpertemperatur nimmt kontinuierlich ab, und nach etwa vier Stunden setzt wegen chemischer Prozesse die Leichenstarre ein und verschwindet nach zwei bis drei Tagen wieder, das liegt daran, dass sich die Muskelfasern auflösen. Dann beginnt die erste Phase der Verwesung, sie nennt sich Autolyse.

Im Grunde zerstört oder verdaut sich der Körper selbst. In seinen Zellen entstehen Toxine und bringen sie zum Platzen. Dabei werden Teile des Bindegewebes und die inneren Organe flüssig und die Haut löst sich ab. Diese sieht dann aus, als hätte sie zu lange in der Sonne gebrutzelt. Die dabei entstehende Flüssigkeit ist reich an Kohlenstoff und besonders interessant für Bakterien, die im Körper leben. Da im Darm besonders viele von ihnen leben, die auch eifrig anfangen zu fressen, fängt dieser als Erstes an zu faulen.

Faulen? Ja, das ist die zweite Phase der Verwesung. Das ist ein bisschen irreführend, denn faulen und verwesen ist nicht das Gleiche, auch wenn sich das im Sprachgebrauch durchgesetzt hat. Eine Leiche verfault und verwest, denn Ersteres braucht keinen Sauerstoff, Letzeres schon. Wenn jemand beispielsweise im Sitzen gestorben ist, verwest seine Oberseite. Aber seine Rückseite, also sein Po und vielleicht auch noch der Rücken, die verfault wie auch sein Inneres.

Das erklärt im Nachhinein das Bild, das ich nie wieder aus meinem Kopf bekommen werde. Ich bin zwar Tatortreinigerin, aber eben keine Bestatterin. Ich bin das Blut gewohnt, aber nicht den toten Körper, aus dem dieses rausströmte. Besser so. Aber bei dem Tatort, an dem ich heute bin, weiß ich, wie der Mensch aussah, wie er lag, wie er starb. Und ich vermute, dass die wenigsten Menschen wollen, dass sie so gesehen werden. Doch als die Hausverwalterin fragte: »Wollen Sie auch mal sehen?«, und mir das Foto vor die Nase hielt, sah ich schneller hin, als ich nachdenken konnte. Ich hatte ja schon Leichen gesehen, aber diese hat mich allein schon deshalb überrascht, weil sie anders war als erwartet. Der nackte Körper war sehr fahl, fast grau mit grünen Stellen. Außerdem war er aufgedunsen, aber was mich am meisten irritierte: Er hatte beinah am ganzen Körper Blasen! Ich kenne diese Blasen von der Ferse, wenn man neue Schuhe trägt, die immer an derselben Stelle scheuern. Sie waren genauso mit Flüssigkeit gefüllt, und heute weiß ich, dass das Fäulnisblasen sind. Denn er starb auf dem Bauch und dort, wo die Luft durch das Gewicht weggedrückt wurde, entstanden sie. Dabei ist das eher untypisch für einen Menschen, der erst vor zwei Tagen gestorben ist. Aber deshalb spielt die Umgebung bei der Todeszeitbestimmung auch eine wichtige Rolle. Es ist dieser Sommer, der in den Zeitungen als Rekordsommer betitelt wird. Das wurde er dann zwar doch nicht, aber für einen Rekord sorgte er trotzdem: Noch nie wurden in Deutschland 42,6 Grad gemessen. Die Kinder machen Arschbomben im Freibad, die Geschäftsmänner legen ihre Jacketts ab und die Rentner kaufen sich Ventilatoren. Und dieser Mann starb bei über 30 Grad und deshalb arbeite ich bei über 30 Grad. Hätte man ihn noch ein Jahr bei diesen Temperaturen liegen lassen, wäre das für mich angenehmer gewesen, denn dann wäre seine Verwesung schon weiter fortgeschritten gewesen. Der eine oder andere kennt es vielleicht: Ein sauberer Knochen von einem Tier stinkt nicht. Ist an diesem Knochen aber noch Fleisch, sieht es schon anders aus. Dafür kann der arme Mensch, in dessen Wohnung ich stehe, auch nichts. Er kann nichts dafür, dass er mir keinen Kaffee anbieten kann, er kann nichts dafür, dass es so heiß ist und dass er so ausgelaufen ist. Es war ein Unfall und sein Ableben hat er sich bestimmt auch anders vorgestellt. Nicht mit dem Arm in der Kloschüssel. Aber der Tod fragt den Menschen ja nicht: »Passt es Ihnen jetzt? Oder soll ich später wiederkommen?«

Er fragt nicht, wie und wann er eintreten soll. Ich weiß nicht, was bei der letztendlichen Obduktion herausgekommen ist oder ob überhaupt eine gemacht wurde, aber er muss sich schlecht gefühlt haben, denn ich finde Erbrochenes. Vielleicht hat er zu viel getrunken, musste sich übergeben und ist daran erstickt. Ich bin keine Ärztin, er kann genauso ein Organversagen gehabt haben, ich mache mir nur so meine Gedanken, aber wenn ich auf dem Boden bin und sprühe, schrubbe und sonst was tue, spekuliere ich nicht und denke auch nicht weiter an das Foto. Ich möchte nur, dass später alles blitzt. Ich knie mich auf eine noch trockene Stelle – ich muss mich nicht direkt im Blut wälzen – und desinfiziere alles, wische es auf, doch schon nach zwei Minuten kann ich nicht mehr. Nicht nur die Leiche hat bei dieser Hitze Körperflüssigkeiten verloren. Auch ich verliere Wasser. Ein normaler Mensch gibt durch Atem, Haut und Harn 2,5 Liter Flüssigkeit pro Tag ab, aber bei hohen Temperaturen sind es im Extremfall bis zu zehn Liter. Und ich weiß nicht, wie viele Liter ich ausgeschwitzt habe, doch ich fühle mich in dem dichten Schutzanzug, als würde ich darin duschen. Dann versuche ich weiterzuarbeiten, doch ich bekomme unter der Maske kaum Luft, die Hitze staut sich, zirkuliert wie die Umluftfunktion in einem Backofen. Diese Arbeit kann ein echter Knochenjob sein, denke ich oder so ähnlich, denn eigentlich findet in meinem Kopf gerade der Wettbewerb der kreativsten Flüche statt. Das ist ja schon für schlanke Personen anstrengend, für mich ist das der blanke Horror. Ich gehe zum Fenster, ziehe den Reißverschluss auf, setze die Maske ab, bah, wie das stinkt, ich strecke meinen Kopf aus dem Fenster – aber es bringt ja alles nichts. Also nehme ich meine Position auf dem Boden wieder ein und stelle fest, dass die Bedingungen an diesem Tatort besonders anspruchsvoll sind. Da ist nicht nur das Wetter, das mich erschöpft und zu Unterbrechungen zwingt, Maske ab, einen Schluck Wasser trinken, Maske wieder auf. Nein, es ist auch der Fleck. Im Bad kann ich alles aufwischen und aufpolieren, da sind nur Fliesen, aber der Flur … eine Katastrophe. Die Körperflüssigkeit ist in den Bodenbelag eingedrungen, und da der Geruch von Tod nicht so einfach aus Textilien oder Holz rauszubekommen ist, muss er weg. Dafür muss ich den Fachmann beauftragen, ich kann da nicht einfach dran herumsägen, da kann eine Bodenheizung drunter sein oder ich beschädige mehr, als ich sollte. Im Schadensfall heißt es dann, wer hat eine entsprechende

Ausbildung – und die habe ich eben nicht. Ich arbeite daher mit einem Maurer und Fliesenleger zusammen, dem auch schon die Schweißtropfen von der Stirn perlen. Als er fertig ist, sehe ich, dass darunter immer noch Blut und Leichensaft sind. Na toll. Und die leuchten auch noch rot und braun auf dem weißen Styropor. Dieses hat alles richtig schön aufgesaugt, also auch weg mit dem Schaumstoff. Darunter erwartet mich die nächste Überraschung. Maden. Sehr viele Maden, wie können die da nur überleben und wie sind sie dahin gekommen? Diesen Verwesungsprozess habe ich bei den biochemischen Grundlagen noch nicht erwähnt. Der Schriftsteller Simon Beckett kann das vielleicht auch literarischer ausdrücken als ich, er meint, dass ein toter Körper ein »Festschmaus für andere Organismen« sei. Erst für Bakterien, später für Insekten. Fliegen legten Eier, aus denen Larven schlüpften, und diese labten an der »nährreichen Substanz«. Wenn sie fertig seien, entfernten sie sich merkwürdigerweise »in Reih und Glied und folgen einander in einer ordentlichen Linie, die sich immer nach Süden bewegt«. Warum sie das tun, das wüsste niemand.[35]

Das Leben ist schon faszinierend, beziehungsweise der Tod. Aber in der Realität ist das schon gruselig, als ich die Larven oder Maden oder was auch immer anschaue. Es schüttelt mich ein bisschen. Ich kehre sie ein und werfe sie weg, ob sie trotzdem noch nach Südosten oder Südwesten kommen, ich weiß es nicht. Ich weiß nur, dass das hier immer noch nicht sauber ist. Dieser Boden lebt förmlich und die Flecken sind auch noch in dieser Schicht vorhanden, ich verfolge, bis wohin die Flüssigkeit gelaufen ist, und sehe, dass sie auch an der Fußleiste keinen Stopp gemacht hat. Ich montiere sie ab und sehe darunter noch mehr Insekten. Mein Mund wird wieder ganz trocken, ich muss noch etwas trinken und gehe diesmal ganz raus an die frische Luft in der Hoffnung, dass mich so keine Nachbarn sehen.

»Das gibt es doch nicht«, denke ich, weil ich im Kopf keine Pause machen kann, ich möchte das endlich abschließen. Aber ich muss einsehen, dass ich nicht alles auf einmal erledigen kann. Ich komme noch zwei weitere Tage, leider ist keine Abkühlung in Sicht. Oben angekommen, packe ich wieder mein Wundermittel aus. Wasserstoffperoxid hat die schöne Eigenschaft, dass es schäumt, sobald es mit Eiweiß in Berührung kommt. Das ist Chemieunterricht live und zeigt mir darüber hinaus an, ob noch Leichensaft vorhanden ist und ich noch gründlicher putzen oder noch eine Schicht entfernen muss. Denn im Blut und in anderen Bestandteilen des Körpers sind ja Eiweiße vorhanden, und auch wenn man nichts mehr mit bloßem Auge erkennen kann, wird man es hinterher riechen können. Das kann ich nicht oft genug betonen, dass ein einfacher Lappen eben nicht ausreicht. Ich probiere es also auch auf diesem Untergrund aus, der schon einige Zentimeter tiefer ist als der Rest. Es schäumt, also wische ich nochmals drüber, und so geht es immer weiter, schäumen, putzen, schäumen, putzen, schwitzen, schäumen, schwitzen, fluchen. Es bringt nichts, das ist so tief in den Beton gezogen, da hilft kein Mittel der Welt, sondern nur unser Fachmann und beherztes Vorgehen. Er schleift den Beton herunter und dann schäumt nichts mehr. Ich schwitze immer noch und falle zu Hause fast tot ins Bett. Oder Gott sei Dank nicht tot, denn vom Tod habe ich heute erst einmal genug.

Sägemehl

Der Tod macht keine Pause, in einem halben Wimpernschlag stirbt irgendwo auf der Welt ein Mensch, oder um genauer zu sein: In einer Sekunde sterben zwei Menschen.[36] Und einige davon sterben so, dass hinterher sauber gemacht werden muss, somit habe auch ich keine Pause.

Es geht zu der Wohnung eines Mannes in einem Vorort mit Buchsbäumen und weißen Fassaden. Der Mann ist ebenfalls in seinem Badezimmer umgekommen. Überhaupt weist dieser Fall viele Parallelen zum letzten Fall auf. Es soll ein Unfall gewesen sein, er wurde erst nach einigen Monaten gefunden und dementsprechend war die Verwesung (und Verfaulung) weit fortgeschritten. Aber von vorn.

Ich werde diesmal von einem Kamerateam begleitet – viele Menschen interessieren sich für meinen Job, was ich etwas erstaunt zur Kenntnis nehme. Für mich ist er normal, Alltag halt. Dinge, die man oft macht, verlieren eben ihren Schrecken. Dieser war bei mir nie wirklich vorhanden, doch auch ich hatte ein Zittern in den Beinen an meinen ersten Tatort. Später jedoch fand ich wieder zu einer Nüchternheit zurück, die wohl wichtig ist für das, was ich tue. Das ist bei Ärztinnen, Kripobeamten, Altenpflegern auch so. Die bewahren alle einen kühlen Kopf, ohne jedoch unempathisch zu sein. Wenn ich anfinge zu heulen, während ich Blut aufsauge, wenn ich mich übergeben müsste, während ich Körperfetzen von der Wand löse – damit wäre niemandem geholfen. Was muss, das muss. Tränen und Ekel kenne ich bei meiner Arbeit nicht oder nur in Ausnahmesituationen. Ganz im Gegensatz zu der Reporterin, die mich begleitet und die ich zu beruhigen versuche, indem ich sage: »Du bist genau richtig, wo du bist, und ich bin genau richtig, wo ich bin.« Ich bin glücklich mit meiner Arbeit und mache sie auch ganz gut, moderieren hingegen wäre nichts für mich. Na ja, jeder hat seine Stärken und Schwächen.

Schon als wir im Treppenhaus ankommen, ist die Moderatorin ganz aufgelöst. Eine moderne junge Frau mit Piercing in der Nase. Ihr sei schlecht vor Aufregung, sagt sie. Wir gehen durch die Tür, bei der ich die Plastikfolie öffnen muss. Sie soll die Nachbarn vor dem Geruch bewahren – und der ist wirklich einer der schlimmsten meiner ganzen Karriere. Als ich vor einem Monat zur Besichtigung da war, haute es mich fast um. Aber ich muss mir ja ein Bild machen, es riechen, das ist wichtig, um einschätzen zu können, welche Maßnahmen ich ergreifen muss. Und hier braucht es aggressive Maßnahmen, das ist nicht nur ein bisschen Blut, sondern abgestandene Körperflüssigkeit, die gut eingezogen ist. Besonders in die Fliesenfugen. Das muss alles rausgekloppt werden, Fliese für Fliese. Aber das ist die technische Seite meiner Arbeit, der Privatsender, der mich heute begleitet, interessiert sich eher für die emotionalen Details. Was war das für ein Mensch, wie hat er gelebt, wie ist er gestorben? Was für Urängste tauchen bei einem solchen Anblick in einem auf? Der Anblick: eine Duschwanne voller Blut, das nicht abläuft. Ich habe das schon oft gesehen, aber was ich noch nie gesehen habe: Der Fußboden ist komplett mit Sägemehl bedeckt. Knöchelhoch. Das muss ich wohl auch alles aufkehren. Ich drehe das Wasser auf, das aus dem Duschkopf sprüht. Ich stecke meine Hand in die dicke Suppe und versuche zu ertasten, warum es nicht abfließt, und dabei sehe ich, dass etwas anderes fließt. Die Tränen der Moderatorin. Ich bin wieder in die technische Seite abgedriftet, ich möchte ja meine Arbeit erledigen, habe aber vergessen, dass das für jemanden aus einer anderen Branche zu viel werden kann. Vor allem, wenn man sich zu viele Gedanken über die Umstände macht und nicht nur den Tatort an sich sieht. Die Moderatorin sagt, sie findet es weniger eklig als traurig. Ich sage ihr, dass es schnell gegangen sein muss, dass der Mensch wenigstens keine Schmerzen hatte. Er hat sich nicht schlimm gestoßen oder sonst etwas, möglicherweise hatte er einfach einen Herzinfarkt, er wurde im Schneidersitz gefunden. Aber das passt auch nicht hundertprozentig zu der These Unfall. Vielleicht gibt es Leute, die sich in die Dusche setzen? Die Moderatorin meint nach ein paar Sätzen, die wir wechseln, dass sie den Raum gerne verlassen würde, außerdem möchte sie sich in der Wohnung umsehen, um mehr über den Verstorbenen herauszufinden.

Vieles wurde schon entrümpelt, also macht sie sich eher darüber Gedanken, wie schlimm es sein muss, zu versterben und erst nach acht Wochen gefunden zu werden. Aber ich sehe noch einiges, das etwas über den Lebensstil des Menschen verrät. Ich sehe viele Pinsel und eine Staffelei, er muss gerne gemalt haben, doch die Bilder sind nicht mehr hier. In einer Kiste liegen ein Schachbrett und eine Gitarre. Er war Mitte 60, das weiß ich, und er liebte die Musik seiner Jugend. An der Wand hängen eingerahmte Bilder von vier Männern mit langen Haaren. Daneben ein Plakat, auf dem steht: *Black Sabbath*, jetzt verknüpfe ich auch die Bilder damit. Ozzy Osbourne kennt man noch am ehesten, der angeblich einer Fledermaus den Kopf abgebissen hat. Diese Morbidität und das Spiel mit dem Tod zeigen sich auch im Rest der Wohnung. Von der Decke hängen Skelette und der Sensenmann, Totenköpfe, aber auch eine Blümchen-Lichterkette. Als wäre gestern Halloween gewesen und man hätte die Wohnung mit ein paar gruseligen Elementen geschmückt. Aber gruselig ist es ja schon so, und mit dem Tod hat der Mann nicht nur gespielt, sondern er hat ihn ereilt. Das wird mir klar, als das Fernsehteam sich verabschiedet. Ich wühle eine Ewigkeit mit beiden Händen in dem Becken herum, schließlich nehme ich den Pömpel zu Hilfe, hoch und runter, hoch und runter, nichts. Dann muss wohl der Eimer her. Ich ziehe ihn durch die Flüssigkeit und gieße sie in die Toilette. Als es weniger wird, möchte ich es noch mal mit dem Pömpel versuchen. Also wieder mit Körpereinsatz, hoch und runter, und dann macht es plopp. Als die Flüssigkeit endlich einen kleinen Strudel bildet und in den Abfluss befördert wird, sehe ich, dass der schwarze Gummipropfen drin gewesen ist, allerdings ohne Kette, weshalb ich ihn nicht gespürt habe und auch nicht greifen konnte. Aber ich entdecke noch etwas anderes: eine Patrone. Wie konnten die Ermittler das übersehen? Gut, die haben ja auch nicht wie ich in der Brühe gerührt. Aber das ist ein Beweismittel und zeigt, dass es kein Unfall gewesen sein kann, das mit dem Schneidersitz hatte mich ja auch schon stutzig gemacht. Die Ermittler müssen es ja trotzdem gewusst haben, denn eine Waffe finde ich nicht mehr. Und umgebracht wurde er auch nicht, wie ich später erfahre. Denn es reichte nicht, dass er sich in den Kopf geschossen hat, davor hat er sich die Pulsadern aufgeschnitten. Ganz nach dem Motto: Doppelt hält besser. Die Informationen gibt mir der Nachbar weiter, der den Leichnam gefunden hat, denn er hat großen Redebedarf, es beschäftigt ihn unentwegt. Das muss wirklich traumatisch gewesen sein, die Leiche zu sehen, denn ich kann mir denken, wie sie aussah. Dazu habe ich weitere Informationen.

Etwa den Zustand der Verwesung. Als man den Leichnam aus der Dusche holen wollte, ist er auseinandergefallen. Man weiß eigentlich, dass so etwas nach zwei Monaten Liegezeit möglich ist und man dann schon einmal eine Hand in der Hand haben kann. Aber vielleicht ging es nicht anders, der Körper verflüssigte sich auf dem Fußboden, das erklärt das Sägemehl. Die Bestatter müssen wohl gedacht haben, es sei logisch, über die Flüssigkeit saugendes Material zu kippen. Sie müssen dagestanden und überlegt haben: Watte oder Zewa, und haben sich dann für Sägemehl entschieden. Doch wie mir eine andere Bestatterin auf meine Anfrage hin bestätigt, ist das nicht sehr professionell gewesen. Sie hätten eine Unterlage verwenden müssen, das hätte auch den Boden gerettet und mir die Arbeit erleichtert. Und diese Arbeit sehe ich heute gewertschätzt: Die Moderatorin nennt mich in ihrem Beitrag eine Heldin und ich freue mich darüber. Das höre ich zum ersten Mal, auch wenn die meisten Menschen schon aufgeschlossen gegenüber meinem Job sind. Sie stellen Fragen, sind interessiert. Aber einige reagieren verhalten, wenn sie erfahren, was ich mache. Sie scheinen abgestoßen zu sein. Gut, dass die Menschen, die mir am nächsten stehen, nicht ablehnend reagierten. Mein Mann und mein Bruder fragten zwar, wie ich darauf käme, aber sie unterstützten mich augenblicklich bei meiner fixen Idee, die sich als gar nicht so fix herausstellte. Sie hat mir, meinem Mann und meinen Mitarbeitern einen Job verschafft, den wir gerne machen.

Die Winzer

Manche Tatorte sind einfach zu idyllisch, als dass man glauben könnte, dass hier irgendjemand sein Leben lassen könnte. Denn warum sollte man ins Paradies müssen, wenn hier das Paradies ist? Ich schaue auf den Felsen, der sich vor mir erhebt, schaue auf mein Navi, und irgendwie schaffe ich es doch noch zu meinem neuen Tatort. Die Aussicht von hier oben ist wesentlich beeindruckender als die von unten. Die in Reihen gepflanzten Weinreben tragen noch keine Blätter, es ist erst Januar. Sie sehen später im Jahr sicher noch schöner aus, wenn sie pralle lila Trauben tragen und die Herbstsonne alles in Gold taucht. Aber jetzt, für eine Sekunde, ist alles in Grau getaucht, als mein warmer Atem auf die kalte Luft trifft.

Ich bin froh, als mich die Winzerin empfängt. Das Weingut gehört ihr und ihrem Mann. Sie führt mich in die Weinstube, wo sie noch ein Holzscheit in den Kamin schiebt. Ich blicke in das lodernde Feuer, dann in ihre Augen. Dort lodert nichts mehr. Sie wirkt gefasst, aber unfassbar leer.

»Mein Sohn«, sagt sie, und ich hoffe, dass es nicht um ihren Sohn geht, aber sie sagt, sie wisse nicht, wie sie das alles hinbekommen sollten. Nur sie und ihr Sohn. O. k., ein Glück, ich muss Gott sei Dank nicht das Blut ihres Sohnes wegwischen. Sie sagt, dass sie schon zur Innung gegangen sei und um Hilfe gebeten habe. Es müsse doch weitergehen, sie habe Kunden und Mitarbeiter, ihnen zuliebe müsse es doch weitergehen. Aber sie habe gar keine Ahnung, der Mann habe die Zügel in der Hand gehabt. Aber vor einigen Monaten habe er diese gelockert und schließlich ganz losgelassen. Jetzt schluchzt die Frau, sagt einfach nur: »Mein Mann.« Und wie sie so weitererzählt, macht deutlich, dass es ihr nicht um die Geschäfte geht. Er hätte sich immer mehr von ihr distanziert, von der Dorfgemeinschaft, vom Leben. Dann war er in die Ferienwohnung nebenan gezogen. Der Fels wurde zum Elfenbeinturm und sein

Rückzug war schon damals wie ein Abschied. Ob sie etwas hätte tun können? Hätte sie anders reagieren müssen? Leise Vorwürfe, so leise wie der große schwarze Labrador, der neben uns liegt. Tiere spüren übrigens, wenn es ihren Menschen nicht gut geht, vielleicht legt er deshalb manchmal sein Kinn auf ihrem Fuß ab. Mein Blick wandert über die riesige Tafel, an der bestimmt 25 Leute Platz finden und bestimmt auch schon Platz gefunden haben. Hier haben sie Wein verkostet. Manche haben sich bestimmt stehend an der Theke unterhalten, über Gott und die Welt, und darüber vergessen, dass sie sich in Deutschland befinden und nicht in Italien oder Frankreich. Ich schaue wieder zu dem Hund, der seine glasigen Augen kurz öffnet, und zu der Winzerin, die ihre glasigen Augen schließt. Es kann auch für mich aufwühlend sein, so wie jetzt, wenn mich die Angehörigen direkt kontaktieren. Das kommt relativ häufig vor und sie sind natürlich betroffener als irgendein Vermieter oder Hausverwalter, der – zack, zack – alles schnell erledigt haben möchte, damit er die Räume schnell weitervermieten kann und möglichst keine Miesen macht. Hier muss ich sehr viel vorsichtiger und geduldiger vorgehen, ich muss zuhören und darauf warten, bis sie selbst mir meinen Arbeitsplatz zeigt. Aber das ist ein Ehrenamt, ich möchte mir diese Zeit für die emotionalen Bedürfnisse nehmen. Man muss sich klarmachen, dass viele Angehörige den schlimmsten Tag ihres Lebens erfahren haben. Und klar ist meine Arbeit durchgeplant, aber wenn es um Menschen geht, müssen Pläne warten. Es ist wie beim Arzt. Man möchte, dass er seine Arbeit gut macht, klug und bedacht ist, trotzdem soll er auch menschlich und nahbar wirken. Man stelle sich einen Arzt vor, der einen abfertigt und sagt:

»Jeder Zweite bekommt Krebs! Da hätte ich ja viel zu trösten, das zahlen die Krankenkassen nicht. Auf Wiedersehen! Bis zur Chemo!«

Nach einer Weile sagt die Winzerin, dass ihr Mann sich die Pulsadern aufgeschnitten habe. Im ersten Moment tut es mir wirklich leid für sie, aber dann male ich mir auch den Tatort aus. Pulsadern bedeuten viel Blut und viel Putzen. Daran denken die meisten Menschen natürlich nicht, wenn sie sich umbringen. Sie denken auch nicht: »Meine Frau muss das sehen und die Frau Schweitzer muss das wegmachen.«

Aufgeschnittene Pulsadern müssen aber nicht zwangsweise viel Blut bedeuten. Wenn er sich in eine Badewanne gesetzt hat, ist das eine saubere Sache. Außer er hat um der Theatralik willen das Wasser nicht zugedreht, sodass die Wanne überläuft, das rosa gefärbte Wasser in die ganze Wohnung dringt und alle Teppiche rausgerissen werden müssen. Aber ich beklage mich nicht, der Job, den der Bestatter in dem Fall machen müsste, ist schlimmer als meiner. Ich will mir gar nicht vorstellen, wie er eine halb aufgelöste Leiche aus dem Wasser ziehen muss, aber jetzt, da ich es ausgesprochen habe, stelle ich es mir doch vor. Eigentlich kann so etwas nie eine saubere Sache sein. Sich die Pulsadern aufzuschneiden ist einfach eine schlechte Idee. Es soll lange dauern und wahnsinnig schmerzhaft sein, auch wenn manche glauben, das warme Wasser würde es angenehmer machen. Außerdem überleben es viele und müssen dann mit den Folgeschäden klarkommen. Dieser Mann hat es nicht überlebt. Er hat sich die Pulsadern längs aufgeschnitten, das heißt wohl, dass seine Handlung kein Hilferuf war, sondern sein letzter Wille. Er wollte nicht mehr, und das ist für seine Frau schwer zu verstehen, die mir jetzt die Tür zur Ferienwohnung öffnet. Sie geht selbstverständlich nicht mit rein, einmal hat ihr gereicht, sie wartet vor der Tür.

Die Ferienwohnung sieht aus, als könnte man hier gut Ferien machen. Wenn da nicht dieser große Blutfleck wäre. Aber wenn ich diesen erst mal entfernt habe, wird hier wieder Urlaub gemacht – und niemand wird vermuten, dass an diesem Ort jemand sein Leben gelassen hat. Der Mann muss sich vorher Mut angetrunken haben, da stehen Dutzende Flaschen Wein. Sein eigener Wein. Den er mit eigenen Händen produziert hat, vielleicht hat er die Reben beschnitten, die verfaulten Weinbeeren herausgerupft, die Trauben zur Weiterverarbeitung gegeben, kontrolliert, ob die Temperatur im Keller stimmt, den Satz beobachtet und der Probe des nächsten

Jahrgangs entgegengefiebert. Mit diesen Händen hat er sich nun stattdessen das Leben genommen. Seine schwarzen Birkenstocks auf dem Boden zeigen in unterschiedliche Richtungen, als sei er darüber gestolpert. Das apricotfarbene Ausziehsofa hat keinen einzigen Fleck abbekommen, dafür der Tisch, den ich bei meinem zweiten Arbeitseinsatz hier komplett entsorge. Der Fleck ist relativ groß, aber nichts, was ich nicht schon gesehen hätte, es riecht nicht einmal. Ich desinfiziere die Flüssigkeit, wische alles auf und wickle es in Folie und transportiere es zum Verbrennungshof.

Die Terrakotta-Fliesen haben das Blut zum Glück nicht aufgesaugt, und als ich es der Frau, der zukünftigen Winzerin, zeige, deutet nichts mehr auf den Schreckensvorfall hin. Der ist nur noch in ihrem Kopf, und das in aller Deutlichkeit. Als ich zum zweiten Mal vor Ort bin, bringt sie ihren Sohn mit. Ein hübscher Junge, blond, schlank und etwa einen Meter fünfundsiebzig groß. Jetzt hat dieser Junge zusammen mit seiner Mutter ein Weingut. Diese hatte mir erzählt, dass der Vater genug hatte vom Schuften – vielleicht war es ein Burnout? Jedenfalls sagte dieser immer, dass er hoffe, sein Sohn müsse mal nicht so viel arbeiten wie er. Das ist völlig paradox. Jetzt muss der Sohn erst recht arbeiten. Dabei ist er gerade einmal 19 Jahre alt. Ich fühle sofort mit ihm, und so komme ich nicht umhin, ihn zu fragen, wie es ihm denn gehe.

»Gut«, sagt er knapp und ich kann die Mauer um ihn herum förmlich sehen. Er muss noch unter Schock stehen, und ich verstehe, dass er mit einer Fremden – auch noch mit einer Fremden, die das Blut seines Vaters aufwischt – nicht sein Seelenleben teilen will. Aber ich möchte ihm Mut zusprechen und sage ihm, dass ich ungefähr im gleichen Alter war, als mein Vater starb, und ich will keine abgedroschenen Phrasen sagen, will nicht sagen, dass alles gut wird, aber er soll wissen, dass er nicht der Einzige auf dieser Welt ist, der einen solchen Verlust verkraften muss und wird. Vielleicht gibt ihm das die Gewissheit, nicht alleine zu sein. Die Frau lächelt leicht und drückt mir zum Dank einige Flaschen ihres Hausweines in die Hand.

Die Kinder

Nutella, Toast, Eier, Orangensaft, der Tag fängt gut an. Die Familie isst an einem solch herrlichen Morgen zusammen auf der Terrasse mit Ausblick auf die Wiese. Mann, Frau und zwei Kinder – drei und fünf Jahre alt, noch nicht einmal eingeschult –, dann schallt es von der Nebenterrasse: »Mach die Kinder weg, mach die Kinder weg!«

Die Eltern können erst gar nicht zuordnen, was gemeint ist, was los ist, dann sehen sie ihren Nachbarn. Ein älterer Herr mit Gewehr in der Hand. O. k., es ist ernst, er wird gleich etwas tun, und auch wenn sie es verhindern wollen, sie müssen an erster Stelle an ihre Kinder denken und sie beschützen. Sie nehmen sie auf den Arm, diese spüren die Panik der Eltern instinktiv, sie schauen sich um, doch bevor der Schuss sich löst, sind alle im Wohnzimmer. Peng. Peng.

»Ist das gerade wirklich passiert?«, fragen sich die Eltern, die sich ansehen und mit gespieltem Lächeln ihre Kinder umarmen. Sie sollen dableiben, einer geht raus, um nachzuschauen. Die beigefarbenen Fliesen voller Spritzer, der Mann zwischen seinen Kartonagen und Tüten mit Flaschen.

Er hat die Wohnung vernachlässigt, vielleicht auch seine Bedürfnisse, und jetzt ging es nicht mehr. Der Nachbar ruft die Polizei – und noch am gleichen Tag bin ich da. Die Tochter, um die 20 Jahre alt, und die getrennt lebende Ehefrau des Verstorbenen erwarten mich, sie erzählen mir, was sie vom Nachbarn gehört haben und dass der Mann eine Gehbehinderung hatte, mit der Krankheit hat er vielleicht die Lebensfreude verloren. Dann mache ich mir selbst ein Bild und der Tatort ist, wie man sich das bei einem Selbstmord mit einer Schusswaffe vorstellt. Viel Blut, *sehr* viel Blut. Überall sind Spritzer, auf dem Ergometer, auf den Tüten. Auf dem Boden ein riesiger Fleck und viele mittelgroße, die mit viel Schwung dort gelandet sind. Sie sehen aus wie Sonnen. Die Bestatter haben die Leiche bereits mitgenommen und die Kripo hat den Holztisch über die Blutlache gezogen, sie haben anderes im Kopf gehabt, nämlich den Tatort vor den Augen der Nachbarn etwas zu verbergen. Das könnte sie schon schockieren, das frische Blut sieht aus wie geliert, richtig dick, wie Pudding oder Frühstücksmarmelade.

Kurioserweise werde ich nur drei Tage später zu den Nachbarn und den Nachbarskindern gerufen. Ich soll ein Wespennest entfernen. Ich sage, dass ich erst ein paar Tage zuvor beim Nachbarn war, und er sagt: »Ach, Sie waren das.« Dann bricht es aus ihm heraus, er hat großen Redebedarf, natürlich beschäftigt ihn dieses Erlebnis, das er bis heute verarbeitet. Er hätte das nie für möglich gehalten, wie schrecklich, sie hätten sich immer freundlich gegrüßt. Seine Kinder hingegen haben glücklicherweise noch nicht richtig verstanden, was vor sich gegangen ist, und jetzt spielen sie friedlich in ihrem Zimmer, während ich das Wespennest ausräuchere, nur ein paar Meter von der Nebenterrasse entfernt.

Dazu fällt mir noch ein anderer Fall ein. Man bleibt doch irgendwie Kind, solange die Eltern da sind, oder? Sie passen auf einen auf, ermahnen einen, Socken anzuziehen, und rufen einen so oft wie möglich an. So ist es bei der Frau gewesen, die jetzt aufgebracht bei mir anruft. Sie sagt, sie hätte doch eben erst mit ihrer Mutter telefoniert. Und ich solle ganz schnell kommen.

»Sofort!«, sagt sie, aber weniger im Befehlston als aus Verzweiflung.

»Moment mal. Durchatmen. Erzählen Sie doch bitte von vorn«, sage ich.

Ihre Mutter und sie hatten täglich telefoniert, es war nicht anders als sonst. Die Mutter lag im Bett neben dem Vater und dann … ich weiß nicht, wie sie es erfuhr, ob sie etwas hörte – vielleicht Schreien, Aufregung, ein Aufatmen, das behält sie für sich. Jedenfalls fand sie heraus, dass ihre Mutter sich umgebracht hatte. Und das in ihrem

Beisein, im Beisein der eigenen Tochter und ihres Ehemannes. Dieser hatte nicht die Notfallnummer gewählt, deshalb wurde er später, als die Kriminalpolizei eintraf, verdächtigt. Beihilfe zur Selbsttötung und unterlassene Hilfeleistung. Die Mutter sei krank gewesen, aber selbst Beihilfe wie in diesem Fall ist bei uns in Deutschland strafbar. Die Mutter habe es selbst gemacht, sie habe sich die Pulsadern aufgeschlitzt. Das muss man sich einmal vorstellen, kein Wunder, dass die Tochter durcheinander ist. Jedenfalls solle ich jetzt schnell kommen, da der Vater noch auf dem Revier sei und nicht noch einmal das Blut sehen solle.

So schnell wie in diesem Fall bin ich kaum je an einem Tatort gewesen, vielleicht noch nie. Es sind erst wenige Stunden seit der Tat vergangen. In dem Haus in einer guten Wohngegend erwarten mich die drei Kinder der Verstorbenen. Sie unterscheiden sich alle sehr voneinander, die Tochter hat eng zusammenstehende Augen, aus denen hin und wieder Tränen strömen. Schöne blaue Augen. Der eine Bruder ist füllig, der andere Bruder sieht noch einmal ganz anders aus. Sie stehen auf der Terrasse, ich spreche noch einige Minuten mit der Tochter, die sich ihren Tag sicher ganz anderes ausgemalt hat. Sie sieht aus, als wäre sie im Urlaub, in Flip-Flops und ihre blonden Haare zu einem lockeren Dutt gebunden.

Sie sagt, sie würde gerne mit dabei sein. Wobei, frage ich. Drinnen, wenn ich den Tatort reinige. Das ist jetzt auch Neuland für mich, gut, bei Messie-Baustellen wollen Angehörige manchmal involviert sein, aber bei Tatorten? Normalerweise möchten sie alles, was damit in Verbindung steht, weit von sich schieben, wieso hätten sie mich sonst beauftragt? Aber die Tochter hat zu den Überresten ihrer Mutter eine besondere Beziehung, das gehöre ja noch zur Mutter. Sie habe sich noch nicht getraut hinzusehen, aber sie würde gerne, sie sei nur kurz drin gewesen, um ein Fenster aufzumachen. Und ich denke, das ist besser so, wegen des Geruchs. Aber das meinte sie nicht.

»Damit die Seele hinausfliegen kann«, sagt die Tochter und schaut mich erwartungsvoll an, in etwa so, als wüsste sie, dass ich sie nicht ernst nehmen würde.

»Ich glaube auch daran«, sage ich und jetzt heben sich ihre Augenbrauen. Ich lächle, und da wir nun auf einer Wellenlänge sind – wir sind auch genau gleich alt –, sage ich ihr, dass es mir nicht so recht wäre, wenn sie mir die ganze Zeit über die Schulter sehen würde. Ich glaube auch nicht, dass das wirklich förderlich für ihre Verarbeitung ist. So bitte ich sie erst einmal, draußen zu bleiben, bis ich sie rufe, und gehe dann hinein. Der unangenehme Geruch, den ich von anderen Fällen gewohnt bin, ist überhaupt nicht vorhanden, das liegt wohl daran, dass der Tatort noch nicht lange einer ist. Das Blut ist ganz frisch und Leichensäfte konnten noch nicht austreten.

»Wie sieht es aus?«, fragt die Tochter neugierig.

»Nicht schlimm«, sage ich.

Auf dem weißen Holzbett liegt eine Decke mit blauen Blüten und ich wundere mich über das wenige Blut. Das liegt wohl daran, dass die Frau zierlich war und darüber hinaus sehr, sehr wenig getrunken hatte. Ein kleiner Fleck auf der Überdecke, ein paar Spritzer auf dem Bettlaken. Ich hole mein Equipment, entferne die Wäsche, und als die Tochter Mut gefasst hat und ich mein Go gebe, tritt sie ein.

»Es ist wirklich nicht so schlimm«, sagt sie. Sie steht da, und ich erkläre ihr meine Schritte, damit ich nicht nur nüchtern vor mich hin arbeite wie ein Roboter, sondern sie auch einbinde. Teil meiner Arbeit ist es eben auch, Seelentrösterin zu sein. Ich sage ihr, dass ich jetzt nachschaue, wo überall Spritzer hingelangt sind. Ich sehe welche an den Hausschuhen, an einem Massagestab, an einer Tasche und an der Nachttischkommode. Ich sage ihr, dass ich nachsehen müsse, ob auch Blut in der Schublade ist, und ich würde sie jetzt öffnen. Nicht dass sie denkt, ich schnüffle. Auf der Kommode liegen drei dünne Bücher zum Thema »Yoga«, als ich sie weglege, sehe ich es.

Die Werkzeuge, mit denen sich die Mutter das Leben genommen hat. Es sind drei Glasscherben, an denen Blut klebt. Ich weiß nicht genau, wozu sie früher einmal gehörten – zu einem Weinglas, zu einer Brille? Die Polizei hat sie jedenfalls nicht gefunden. Das ist schon tragisch, denke ich, und wenn ich das schon empfinde, wie geht es wohl den Angehörigen? Der Vater, der mittlerweile von der Polizei zurück ist, gerade als ich beinahe fertig bin, sieht leer aus. Man könnte es als Gefasstheit deuten, aber vielleicht ist es auch der Schock, je nachdem, wie viel er von dem Vorhaben seiner Frau wusste. Mit ihm spreche ich nicht. Die Söhne sagen, sie würden es ja verstehen, die Mutter sei seit über zehn Jahren krank gewesen – Krebs. Sie habe sehr starke Schmerzen gehabt und jetzt könne sie in Frieden ruhen. Die Tochter hingegen ist enttäuscht, dass die Mutter sich nicht mitgeteilt hat. Sie hätten sich alles erzählt. Sie seien wie beste Freundinnen gewesen. Sie habe wenigstens einen Abschiedsbrief erwartet.

Der Abschied

Was bleibt von uns, wenn wir die Erde verlassen haben? Was hinterlassen Menschen, die freiwillig gegangen sind?

Auf den ersten Blick, jedenfalls aus meinem Blickwinkel, viel tote Materie. Blut, Gewebe, Fleischreste. Auf den zweiten Blick lassen sie viel mehr als das zurück, aber bevor ich weiter Einblicke in die Tatorte gebe, an denen Suizide passiert sind, möchte ich eines anmerken: *Ihr wollt nicht, dass ich komme. Und auch ich will nicht kommen.*

Es gibt zu viele Menschen, die glauben, dass es sich nicht lohnt zu leben. 10 000 Menschen wählen in Deutschland pro Jahr den Freitod.[37] 70 Prozent davon sind Männer, oft junge Männer. Weitere 100 000 Menschen versuchen sich umzubringen. Das ist ein Hilferuf – und es gibt Hilfe. Selbstmordgedanken können Folge einer psychischen Erkrankung sein, die heilbar ist. Meistens ist es eine Depression. Im Internet ist diese Seite zu empfehlen: www.suizidprophylaxe.de. Auch die Telefonseelsorge ist rund um die Uhr kostenlos und anonym erreichbar unter: 0800 111 0 111. Wie ein Telefonseelsorger sagte: »[W]ir können mit Menschen darüber reden, was alles dazugehört, eine gute Entscheidung zu treffen. Und weil es immerhin darum geht, dass einer nicht mehr lebt, muss die Entscheidung ausreichend und gut überlegt sein. Umbringen kann ich mich in 14 Tagen noch.«[38]

Ich sehe nicht den Schmerz der Menschen, die darüber nachdenken, sich das Leben zu nehmen, es versuchen oder es getan haben. Ich sehe jedoch den Schmerz der Angehörigen. Ich sehe die Tatorte. Es ist einfach nicht schön. Die Statistik sagt, dass die meisten Menschen sich erhängen, und auf dem traurigen fünften Platz landet der Schienentod.[39] Zu einem solchen werde ich heute gerufen. Die jeweilige Bahngesellschaft kümmert sich darum und schon stehe ich in dem Werk. Der Zuständige lässt sich nichts anmerken. Keine Trauer, keine Wut. Der »Personenschaden«, wie die Bahn solche Vorkommnisse nüchtern nennt, muss schnell abgehakt werden. Sonst ärgern sich die Kunden über Verspätungen. Ich inspiziere den Zug, man sieht ihm kaum etwas von dem Unfall an. Ich habe auch schon fehlende Blenden gesehen, aber hier gibt es nur ein paar Blutspritzer und kleinste Gewebefetzen. Doch von unten zeigt sich ein anderes Bild. Ich stehe in einer Grube, Unterflurreinigungsanlage genannt. Es sieht aus wie ein Schacht aus Beton mit Pfeilern, die die Gleise stützen. Es ist ein seltsames Gefühl, unter einem tonnenschweren Gefährt zu stehen und die Mechanik zu betrachten. Ein ausgeklügeltes System aus Stahl, Kabeln, Zugachsen und vielen anderen Komponenten, deren Staubbraun jetzt mit Rot durchsetzt ist. Größere Flächen sind verschmutzt – was für ein Wort, menschliche Überreste sind kein Schmutz, aber sie sind nicht dort, wo sie hingehören. Nicht am Körper, nicht unter der Erde. Es ist nicht würdevoll, so zu sterben, außerdem illegal und auch nicht sozial. Ich will mir den armen Lokführer gar nicht vorstellen, der den Knall, der die Knochen bersten ließ, hörte, der von Albträumen wach gerüttelt wird. Statistisch gesehen wird ein Lokführer in seiner beruflichen Laufbahn dreimal einen Menschen erfassen.[40] Oft werden die Angehörigen oder Erben des Verstorbenen sogar erfolgreich auf Schadensersatz verklagt. Aber Menschen, die sich an die Gleise stellen, denken wohl nicht mehr an viel, nur daran, dass es schnell gehen soll. Ja, es gibt viele, die sofort tot sind, aber es gibt auch einige, die ihr Leben verstümmelt verbringen, aber froh über ihre zweite Chance sind. Ein solcher Tod ist ein wahres Gemetzel. Ein Zug ist lang, und hat man die wichtigsten Körperteile zusammen, so kann das Puzzeln beginnen, so brachial sich das auch anhören mag. In diesem Fall haben die Bestatter zwar die meisten Leichenteile bereits mitgenommen, dennoch finde ich hier und da noch etwas. Beim letzten Mal entdeckte ich einen Turnschuh in den Speichen, ein junges Design, vielleicht von einem Jugendlichen. Mein Mann meinte: »Hoffentlich ist der Schuh leer.« Er war leer, zum Glück steckte kein abgerissener Fuß darin. Aber heute entferne ich einen Schopf. Also ein Stück der Kopfhaut mit Haaren daran, so groß wie meine Hand. Des Weiteren finde ich einen kleinen Finger oder einen halben Finger, außerdem eine Socke und einen Schlüpfer. Ich kann mir wirklich nicht vorstellen, was für Kräfte eingewirkt haben müssen, damit eine Unterhose vom Leib gerissen werden kann. Ich versuche, mir das alles nicht zu bildlich auszumalen und es mir nicht zu nahegehen zu lassen. Sonst würde ich verrückt werden.

Und tatsächlich schaffe ich es, ein bisschen Spaß an der Arbeit zu haben. Ich bekomme einen Hochdruckreiniger gestellt und dieses Mal ist die Grube, in der ich unter dem Zug stehe, hoch genug. Das heißt, ich muss mich nicht ständig bücken, sodass der Nacken verkrampft. Das ist mir schon passiert, dabei bin ich nicht gerade die Größte. Hier kann ich die Arme ausstrecken und powern. Und das Gerät ist auch ein echtes Powerding, das alles, was nicht fest verbaut ist, wegfegt. Bis zu drei Zentimeter dicke Verkrustungen. Das ist irgendwie geil, so dazustehen und zu spritzen wie mit einer überdimensionalen Wasserpistole. Und es ist geil zu sehen, wie alles sauber wird. Auch wenn es etwas dauert, ganze drei Stunden brauche ich für den ersten Waggon, denn das Gewebe ist gefroren. Ich sage ja, es gibt immer Herausforderungen in diesem Beruf. Psychische Herausforderungen, körperliche und auch reinigungstechnische. Es war kalt die letzten zwei Tage, doch mit Geduld lässt sich alles restlos entfernen, sofern ich das erkennen kann, denn jetzt scheint die Sonne und blendet mich.

Was auch blenden kann: der Schein. Viele Menschen denken, bei den anderen läuft alles so gut. Derjenige hat Geld, ein Haus, ein Boot, einen Traumjob, eine Familie und so weiter. Das sind Dinge, die man sehen kann, aber wie es in einem selbst aussieht, das wissen die wenigsten. Und was bringen einem die ganzen angesammelten Objekte und Fassaden dann? Das Geld liegt auf dem Konto oder wird von den Erben ausgegeben, das Haus ist leer, das Boot setzt

Algen an, die Stelle geht an einen anderen, die Familie trauert und ist manchmal auch wütend, während der Mensch sich aufgelöst hat. Einige Male schon rückte ich zu Tatorten aus, an denen der Verstorbene augenscheinlich alles hatte, was sich viele Menschen wünschen. Ein Weingut, eine Vorstandsstelle, ein Unternehmen, einen intelligenten und attraktiven Ehepartner.

Ich wurde beispielsweise zu einem Unternehmen gerufen, in dem ein Vorstandsmitglied sich im Bad in den Kopf geschossen hat. Ich weiß nicht, ob es jemand mitbekommen hat. So brachte sich auch ein Jäger um, mit seiner eigenen Schrotflinte. Seine Frau rief mit bebender Stimme bei mir an. Ihr Mann habe sich das Leben genommen, nach 50 Ehejahren. So wie die Messies mir sagen, sie wüssten nicht, wie es so weit kommen konnte, so sagen mir auch die meisten Angehörigen, sie wüssten nicht, wie es dazu kommen konnte.

»Es kam total überraschend«, sagte die Ehefrau, und ich frage mich ernsthaft, ob das so überraschend sein kann, ob es gar keine Anzeichen gibt. Da wären wir wieder beim Blenden, viele schaffen es, ein anderes Bild von sich zu suggerieren. Sie kaufen sich noch einen schicken Wagen oder schreiben sich in einen Kochkurs ein, was die Mitmenschen noch mehr verwirrt, die dann sagen: »Er wollte leben. Wieso hätte er planen sollen, wenn er wusste, dass er so etwas tun würde?«

Doch bei einigen, die Suizid begehen, ist schon im Vornhinein etwas zu bemerken. Es fängt vielleicht damit an, dass derjenige hoffnungslos wirkt, sagt, dass doch alles gar keinen Sinn mehr mache, dass man ohne ihn besser dran sei. Vielleicht lenkt er das Thema sogar selbst auf Suizid oder Tod. Neben den verbalen Anzeichen kann auch das Verhalten auf einen geplanten Suizid hindeuten. Der Mensch spricht diesen vielleicht nicht direkt an, aber er beschäftigt sich damit. Googelt, liest, sieht fern. Außerdem konsumiert er vermehrt Alkohol oder Drogen, vernachlässigt seine Hobbys und andere Aktivitäten, isoliert sich von Freunden und Familie, schläft zu viel oder zu wenig und im äußersten Fall verabschiedet er noch seine Liebsten und verschenkt sein Hab und Gut. Auch seine Stimmungen spiegeln das wider. Manchmal verspürt er Wut und wird aggressiv oder rücksichtslos, in anderen Fällen fühlt er sich gedemütigt und irritiert. Auch Depressionen spielen eine große Rolle.[41]

Aber selbst wenn die Mitmenschen diese Warnzeichen registriert haben – es ist nicht ihre Schuld, dass sie es nicht verhindern konnten. Doch viele fühlen sich trotzdem mitverantwortlich – hätten sie etwas tun oder sagen können? Aufmerksamer oder liebevoller sein können? Vielleicht, und trotzdem ist es die Entscheidung des Verstorbenen, die er in eigener Verantwortung traf. Manchmal versucht dieser, die Schuld seiner Liebsten zu mildern, indem er einen Abschiedsbrief schreibt. Er denkt in seinen letzten Sekunden an sie, doch die Trauer ist bei den Hinterbliebenen trotzdem groß. Ist es das, was von uns zurückbleibt, wenn wir gehen? Menschen, die uns lieben? Trauer? Ein paar Abschiedsworte?

Auch bei einem anderen Tatort hat ein Mann seinem Leben ein Ende gesetzt und ein Ausrufezeichen hinter seine letzten Worte. »Guten Morgen!« steht auf einer Tafel in seiner Wohnung, aber als ich die nächsten Worte betrachte, glaube ich, dass dieser Gruß nicht von ihm stammt. Es ist zu gerade, zu säuberlich geschrieben. Die anderen Worte wurden schnell geschrieben, schief und krumm, vielleicht hat der Alkohol-Tabletten-Cocktail, den er geschluckt hatte, bereits gewirkt.

Tut mir leid
Verzeiht mir
Ich kann nicht mehr

So steht es dort, in drei Reihen geschrieben, ohne Punkt und Komma, und es könnte auch heißen »Ich komme nicht mehr«. Er gehört zu den Menschen, die rein äußerlich betrachtet alles hatten, was die meisten sich wünschen. Er war Schreiner wie sein Vater, der ihn jetzt mit seiner Mutter zu Grabe tragen wird. Der Tatort gehört zu den schöneren. Wenig ausgetretene Flüssigkeit auf dem Bett und eine schöne Wohnung. Sie ist sehr stilvoll, sauber und hochwertig eingerichtet. Im Wohnzimmer stehen ein Regal aus einem alten Kanu, ein Big Sofa aus braunem Leder, ein Sitzsack und einige Ethno-Dekorationen, größtenteils aus Asien. In jedem Zimmer stehen mindestens ein Buddha und viele große Pflanzen. Im Bad, eine richtig geräumige Wohlfühloase, steht sogar eine metergroße Buddhafigur. Nicht die mit dickem Bauch, sondern die im Schneidersitz und mit der Spitze auf dem Kopf. Im begehbaren Kleiderschrank steht eine Skulptur einer Pagode, eines asiatischen Bauwerks. Daran lehnt ein Schild mit dem Aufdruck: »Wer die kleinen Dinge im Leben schätzt, hat den wahren Weg zum Glück gefunden.«

Ob er das verfolgen konnte? Auch wenn, offensichtlich hat nichts zu seinem Glück gereicht. Jetzt müssen die Eltern seine farbenfrohen Hemden aussortieren, sie behalten oder verschenken – er hatte eine Vorliebe für Karo und Blumen. Wieso entscheidet ein solcher Mensch sich dafür, nicht mehr leben zu wollen? Die Eltern können es auch nicht sagen, doch sie wissen, dass er sehr unter der Trennung von der Freundin gelitten hat, obwohl sie schon eine Weile her ist. Sie war die einzige Freundin, die sie jemals kennenlernten. Mittlerweile hat sie eine neue Beziehung und sie vermuten, dass er das nicht verkraftet hat. Ihr Sohn ist 49 Jahre alt geworden.

Hinter jedem Suizid stecken eine Lebensgeschichte und ein Grund, auch wenn Letzterer für Außenstehende schwer zu erkennen ist. Was den Mann in der Flüchtlingsunterkunft zu diesem Schritt bewogen hat, ist mir auch nicht bekannt. Aber da ist das Leid greifbarer, obwohl Erklärungen im Nachhinein immer spekulativer Natur sind. Ich weiß, dass der Mann aus Armenien kam, wo 90 Prozent der Menschen der Armenisch-Apostolischen Kirche angehören.[42]

Seine Mitbewohner kommen hingegen aus größtenteils muslimisch geprägten Ländern, möglicherweise war das Verhältnis angespannt. Jetzt halte ich seinen Ausweis in den Händen, was mir eine Gänsehaut beschert oder zumindest ein mulmiges Gefühl. Wenn man ein Gesicht zu dem Tatort hat, springt die Gedankenmaschinerie schon eher an. Das ist es also, was er hinterlässt. Einen Ausweis, ein paar Alltags- und Gebrauchsgegenstände, viel mehr nicht.

Turnschuhe, Unterhosen, Skulpturen, ein Abschiedsbrief, dieser Ausweis – mir sind schon so viele Dinge als Nachlass in die Hände gefallen …

Aber im besten Fall bleibt etwas anderes, auf einer höheren Ebene: eine Erinnerung, eine Lehre, etwas, das zeigt, dass das Leben doch lebenswerter ist, als viele in ihren letzten Stunden geglaubt haben. Menschen hinterlassen Familien, einen schönen Garten, ein Haus, vielleicht ein Lebenswerk, und auch wenn sie nichts Großes erreicht haben, haben sie bestimmt etwas Schönes erlebt und in wenigstens einem Menschen einen Unterschied bewirkt, der ihnen vielleicht nicht einmal bewusst ist. Sie haben geliebt, sie sind gescheitert und haben gewonnen. Aber so mancher Rückschlag hat vielleicht so schwer gewogen, dass sie all das aus den Augen verloren haben. Dabei liegt es in der Natur des Menschen, hinzufallen und wieder aufzustehen, das lernen wir als Kleinkinder und erfahren es auch später immer wieder, ein Leben lang.

Es ist wichtig zu wissen, dass es Hilfe gibt – und einen Ausweg. Jedes Leben ist wichtig und jedes Leben kann besser werden.

Epilog

Auf ein Neues

Ich sagte es schon zu Anfang: Für gewöhnlich werde ich gerufen, wenn es das Ende ist. Wenn die Menschen nicht mehr weiterwissen. Oder wenn die Nachbarn, die Angehörigen bereits da waren, die Kriminalpolizei und die Spurensicherung ihre Arbeit gemacht und die Bestatter die Leiche mitgenommen haben. Doch im Leben habe ich eines gelernt: Alles hat ein Ende, nur die Wurst hat zwei. Im Ernst, wie oft denkt man, es sei vorbei. Aber es ging doch weiter. Deswegen halte ich mich an dem Gedanken fest, dass es auch nach dem Tod weitergeht. Bei meiner Arbeit bin ich tagtäglich mit dem Tod konfrontiert, das ist wie eine Art Therapie für mich. Durch den ständigen Kontakt konnte ich den Tod für mich als weniger angsteinflößend einordnen und verkraften, dass meine Eltern nicht mehr da sind. Oder vielleicht doch? Ich glaube an Reinkarnation. Ich ließ mich in der Pfingstgemeinde noch einmal taufen, und auch wenn meine Annahme nicht ganz konform mit deren Lehre geht, so stehe ich dazu.

Auch für Menschen, die unter dem Messie-Syndrom leiden, gibt es einen Ausweg. Sie glauben zwar, dass es schlimmer nicht geht: Sie haben möglicherweise ihre Familie verletzt, sich selbst enttäuscht, Freunde verloren, ihren Job, ihre Wohnungen und Häuser. Die Menschen erkennen nicht, dass die Hauptursache ihr Desorganisationsproblem darstellt. Doch egal, ob schwerer oder leichter Fall – es gibt Hilfe. Dafür müssen sie ihr Organisationstalent und die Entscheidungsfähigkeit in sich entdecken. Das sind Fähigkeiten, die dem Messie-Syndrom erwiesenermaßen entgegenwirken.[43]

Marianne Bönigk-Schulz war selbst vom Messie-Syndrom betroffen und bekam es in den Griff, woraufhin sie den Förderverein zur Erforschung des Messie-Syndroms (FEM) gründete, damit Psychologen und Ärzte besser auf die Bedürfnisse von Menschen mit Messie-Syndrom eingehen können. Sie sagt, dass eine Änderung nachhaltig sein kann, wenn »andere Gedanken und Einstellungen entstehen«, wenn es also ab jetzt heißt, alles hat einen Anfang, nur die Wurst hat zwei. Außerdem soll nicht nur »umgeschichtet, sondern weggeworfen« und die sozialen Bedingungen sollen verändert werden. Wichtig ist auch, dass »Gefühlserinnerungen und Verankerungen von Hemmung und Zwang nicht mehr mit einem Blockiertsein beantwortet werden«.[44]

Das ist aber alles immer noch zu unkonkret, wie soll das denn gelingen? Zum einen mit Wissen über Ordnung und Ordnunghalten, zum anderen mithilfe von Angehörigen und Freunden oder in Form einer Therapie.

Das richtet sich ganz nach den jeweiligen Messie-Typen, die ich ohne Gewähr ausmachen konnte: der Perfektionist, das Kind, das Eichhörnchen, der Chaot, der Träumer, der Verzweifelte.

Für den Chaoten reichen möglicherweise Aufräumtipps oder Hilfestellungen zur Organisation des Haushalts. Anderen Typen dienen sie nur zur Unterstützung. Denn wenn jemand wirklich schwer erkrankt ist wie der Verzweifelte, hilft es nicht zu sagen: »Miste aus mit der und der Methode« oder: »Ruf doch mal die Schweitzer an«. Das sind gute Tipps, aber nur in Kombination mit langfristiger Unterstützung, auch psychologischer Art. Denn wenn das Haus geräumt ist und alles blitzt, wenn ich beispielsweise da war und die Weichen gestellt habe, dann muss der Mensch den Weg trotzdem allein zu Ende gehen. Oder besser gesagt, da es ja nie ein Ende gibt, er muss diesen Weg weitergehen. Die Erfinderin des Begriffs Messie sagt dazu, dass es ein Marathon und kein Sprint sei.[45] Ordnung zu halten ist für uns alle ein Prozess. Man räumt nicht einmal auf und dann ist es für immer erledigt. Schön wär's. Seien wir mal ehrlich, Putzen und Aufräumen gehört nicht zu den Tageshighlights, aber es gehört nun mal dazu. Um sich gut zu fühlen, um gesund zu sein.

Gesund zu bleiben ist übrigens auch ein Prozess. Das Messie-Syndrom verschwindet nicht von heute auf morgen, wenn das Haus von dem Chaos befreit worden ist. Der Mensch muss ebenfalls vom Chaos befreit werden, er muss frei werden, und weil das »Muss« bei vielen Messies wie etwa den Perfektionisten erst zu einer Blockade geführt hat, sage ich lieber *wollen* statt müssen. Nicht unter Druck setzen ist die Devise, das sollte man selbst nicht tun, aber auch nicht als Angehöriger. Dieser sollte seinem Liebsten niemals die Entscheidung abnehmen, denn Entscheidungen zu treffen, will er selbst erlernen, in seinem eigenen Tempo. Rückschläge gehören dazu. Das ist in Ordnung. Man kann sich sagen: Du bist in Ordnung. Ich bin in Ordnung.

Die Betroffenen wünschen sich ein neues Leben. Und wenn sie sich klarmachen, warum, was sie im Moment noch zurückhält, dann haben sie auch eine Motivation, die Dinge in Angriff zu nehmen. Wenn sie es wollen, dann kann man ihnen helfen, und es ist auch absolut nichts Schlimmes daran, um Hilfe zu bitten. Ganz im Gegenteil. Ich bin immer wieder beeindruckt von den Menschen, die bei mir anrufen und sich öffnen. Da muss ich an den Spruch denken: »Schwäche zu zeigen ist ein Zeichen wahrer Stärke.« Ich frage mich, ob ich selbst so mutig wäre, wenn ich jetzt schon die Tür schließe, sobald es in meinem eigenen Zuhause nicht so aufgeräumt ist wie im Ikea-Katalog. Wo bekommt man denn Hilfe?

Menschen mit Messie-Syndrom können sich Angehörigen und Freunden anvertrauen, von denen sie wissen, dass sie zuhören und nicht abwertend reagieren. Es gibt ein »Messie-Hilfe-Telefon« dienstags (9 bis 12 Uhr) und donnerstags (15 bis 18 Uhr), bundesweit erreichbar unter: 089/55064890. Außerdem können sie sich mit anderen Betroffenen austauschen – es gibt über 70 Selbsthilfegruppen in Deutschland und viele Internetforen. Dass da aber auch einige Dinge schieflaufen können, haben wir am Beispiel des Akademikers gesehen, der durch seine Messie-Gruppe massiv verunsichert und zum Klammern animiert wurde. Deswegen noch mal: In Kombination sind die Tipps sinnvoll. Es gibt viele, die durch den Austausch mit anderen Kraft entwickelt haben. Schon allein dadurch, weil sie sehen, dass sie nicht allein sind. Ich sagte ja bereits, dass in Deutschland bis zu drei Millionen Menschen unter dem Messie-Syndrom leiden. Man geht sogar davon aus, dass 2 bis 5 Prozent der Bevölkerung davon betroffen sind.[46]

Die vielleicht wichtigste Hilfestellung geben Therapeuten, Psychologen und Psychiater, denn sie können helfen, das Loch nicht nur dilettantisch zu stopfen, sondern zu nähen und zusammenwachsen zu lassen. Die Erfolgschancen liegen sogar bei 70 Prozent.[47] Meistens handelt es sich um eine Verhaltenstherapie in Einzel- oder Gruppensitzungen. Wenn das Loslassen schwerfällt, wird man herausfinden, warum es unmöglich erscheint, eine zehn Jahre abgelaufene Dose wegzuwerfen. Die Gründe und die tieferen Ursachen des Syndroms werden erforscht. Zum Beispiel welche Einstellungen mich hemmen. Muss alles perfekt sein? Was hat mich in meiner Kindheit geprägt? Musste es immer blitzeblank sein, durfte man nie etwas wegwerfen? Wurde mir das Gefühl gegeben, dass ich es wert bin, geliebt zu werden, oder habe ich dieses Gefühl in Dingen gesucht? Außerdem werden Wege aufgezeigt, wie man sich in Zukunft verhalten kann, um besser mit dem Syndrom umzugehen. Der Therapeut gibt zuweilen »Hausaufgaben« auf, bei denen ein Teil der Wohnung in Ordnung gebracht wird. Meistens beginnt man mit dem Teil, der einem am leichtesten fällt, und dann arbeitet man sich zu den sentimentalen Schatzkammern vor. Sind Betroffene dann besser organisiert und psychisch gestärkt, so können sie erfahren, »sich wieder selbst zu kontrollieren und sich auf sich verlassen zu können. Dadurch verbessern sie ihr Selbstwertgefühl, welches störungsbedingt oft beeinträchtigt ist«, schildert Dr. Christa Roth-Sackenheim.[48]

In einigen Fällen, wenn das Messie-Syndrom von anderen Krankheiten begleitet wird, werden Psychopharmaka verschrieben. Bei Depression und Zwangsstörung kommen Antidepressiva zum Einsatz und beim Aufmerksamkeits-Defizit-Syndrom (ADS) Stimulanzien. Die Diplom-Psychologin Cordula Neuhaus ist sogar der Meinung, dass die meisten Messies unter ADS leiden. Sie konnte bei ihren Patienten mit ADS beobachten, dass diese vermehrt unter dem Messie-Syndrom leiden. »Während manche dadurch zum ›Zappelphilipp‹ werden, geraten andere in ein völliges Chaos beim Umgang mit Zeit, Gegenständen oder auch in Geldangelegenheiten«, fasst Neuhaus zusammen.[49] Jedoch ist diese These nicht gestützt, aber wenn dem wirklich so wäre – dass es oft nur ein Problem mit der Organisation gibt –, dann helfen die folgenden Tipps. Diese können auch für Menschen, die nicht unter dem Messie-Syndrom leiden, interessant sein, denn wir alle sammeln im Laufe unseres Lebens einiges an und sollten unsere Wohnung in Ordnung halten. Es gibt eine Grundregel sinnvoller Ordnung:

Objekte haben dem Subjekt zu dienen; nicht umgekehrt.[50]

Wenn sie das nicht tun, kann man sie getrost in die Tonne stecken. Indem man sich diese Fragen stellt, kann man prüfen, ob die Objekte einem dienen:

1. Dient das Objekt einem meiner Bedürfnisse oder besteht eine realistische Chance, dass es das einmal tun wird? Hat es eine konkrete Funktion?
2. Freut es mich, ihm zu begegnen, oder erscheint es mir als Last?
3. Ist es an der Stelle, an die es gehört, an der ich also, ohne zu zögern, als Erstes suchen würde?«[51]

Man kann sich mit diesen Fragen und am besten mit Unterstützung durch Angehörige, Freunde oder Therapeuten an einer Stelle in der Wohnung versuchen, zum Beispiel am Kleiderschrank. Hat man etwas seit über einem Jahr nicht getragen, ist es zu klein oder beschädigt? Weg. Dann geht es weiter zum Küchenschrank, man braucht nicht fünf Korkenzieher, und auch wenn die abgelaufenen Lebensmittel Geld gekostet haben: weg damit. Vielleicht fällt es leichter, die Dinge zu verschenken oder zu verkaufen. Doch bei sehr vielen Gegenständen wird auch das zu einer Mammutaufgabe, vor der man dann zu leicht wieder kollabiert. Also ein Schritt nach dem anderen, kleine Schritte. Oder aber, wenn man mit mir zusammenarbeiten möchte, mit meiner Firma, kann man sich überlegen, was einem wirklich am Herzen liegt, was man wirklich an Gegenständen behalten möchte, und es mir mitteilen. Wenn es zum Beispiel brennen würde, was würde ich behalten wollen? Fotografien, das Erbstück, den Fernseher? Und keine Sorge, die Dinge, die wirklich gut und wertig sind, werden nicht wegkommen. Aber man muss auch selbst herausfinden, was das ist, was ist wirklich nützlich und schön? Marie Kondo empfiehlt, jedes Stück einzeln in die Hand zu nehmen und sich zu fragen: Bringt es mir Freude? Das ist natürlich schwer, wenn man eine Wertbeimessungsstörung hat, denn dann hat man das Gefühl, alles bringe einem Freude. Aber mit der Zeit und mit der entsprechenden Unterstützung wird man auch diese Frage für sich beantworten können. Damit es später nicht wieder so aussieht wie vorher, sollte man sich auch der Fallen bewusst sein, die die Autorin Ellen Berg ausfindig gemacht hat.

- **Die Belohnungsfalle**
  Wenn man sich belohnen möchte, weil man beispielsweise ein Projekt hinter sich gebracht hat, muss es nichts Materielles sein, das im Schrank verstaubt. Lieber gönnt man sich ein Erlebnis wie einen Waldspaziergang, eine Massage, ein Glas Champagner.

- **Die Schnäppchen-Falle**
  70 Prozent reduziert, das brauche ich! Nein, meistens nicht. Einfach weitergehen und sich über das Geld auf dem Konto freuen, das man für Dinge verwenden kann, die einem wirklich gefallen und die man schon länger haben möchte. Besonders für den Typ Eichhörnchen ratsam.
- **Die Frust-Falle**
  In diese tappt der Typ Kind gern. Er kauft Dinge aus Frust, weil er glaubt, seine Löcher damit stopfen zu können. Es ist ähnlich wie bei der Belohnungsfalle, der Mensch glaubt ein Glücksgefühl zu verspüren, wenn er etwas kauft, doch dieses verfliegt schnell.
- **Die Irgendwann-Falle**
  Viele Gegenstände bewahrt man für den Fall der Fälle auf, das weiß der Typ Chaot. Die alten Klamotten sind zum Streichen gut und die alten Zeitungen wird man schon noch lesen. Tut man das aber wirklich? Bei 50 Zeitschriften bräuchte man etwa einen Monat, sofern man nonstop liest. Man rechnet, dass eine Zeitschrift etwa einen Zentimeter Dicke misst und die Lesedauer bei vier Stunden liegt. Lieber sollte man darüber nachdenken, ob man das alles wirklich benutzt, repariert oder basteln will. Was dem standhält, kann in eine Kiste gepackt werden. Am besten mit Datum, wann die Dinge erledigt werden sollen. Nein, ein ganzes Zimmer ist keine Kiste.
- **Die Geschenke-Falle**
  Der Pullover mit der Aufschrift »Meine Schwester ist eine Idiotin« gefällt nicht? Oder das scheußliche Kaffeeservice von Tante Erna? Weg damit und dazu stehen. Wenn man niemanden verletzten möchte, ist auch eine klitzekleine Notlüge erlaubt. Bei Geschenken von Kindern kann man eine Auswahl treffen, das wird besonders dem Typ Träumer schwerfallen, der auch gern in die nächste Falle tappt.

- **Die Erinnerungsfalle**
  Das Kinoticket vom ersten Date, der lebensgroße Teddy vom Jahrmarkt, der Anzug von der Konfirmation. Auch hier hilft es, nur die wichtigsten Stücke in einer kleinen Kiste aufzubewahren und sich bewusst zu machen, dass Erinnerungen im Kopf bleiben. Wenn man schlecht loslassen kann, kann man die Gegenstände abfotografieren und dann liebevoll loslassen.
- **Die Teuer-Falle**
  Ja, alles hat Geld gekostet, manchmal einen großen Batzen, aber wenn man den heimischen Crosstrainer nicht nutzt, dann muss man den Gedanken aus dem Kopf bekommen und wegwerfen, verkaufen oder spenden.[52]

Wenn man nicht in diese Fallen tappt, hat man weniger. Und weniger Gerümpel bedeutet, leichter Ordnung zu halten und aufzuräumen. Dazu noch einige Ratschläge: Ist der Boden frei, sieht es schon viel besser aus. Am besten stellt man sich täglich den Wecker und putzt und ordnet 15 Minuten, das ist doch machbar! Am besten gleich morgens immer um dieselbe Uhrzeit, dann hat man noch Energie, schafft sich eine Routine und startet stolz darauf, etwas geschafft zu haben, in den Tag. Wenn das nicht klappt, auch nicht schlimm. Kein Druck! Es hilft auch schon, wenn man nicht mit leeren Händen von einem Zimmer ins nächste geht. Ist man im Wohnzimmer und will in die Küche, nimmt man die dreckige Tasse mit. Aber am klügsten ist es, sich zu merken: »Alles hat seinen Platz und kehrt nach Benutzung wieder an seinen Platz zurück.«[53] Wo nicht so viel Chaos entsteht, muss auch nicht viel aufgeräumt werden. Außerdem kann man Wartezeiten nutzen – das Wasser kocht, die Werbung nervt, dann mache ich in dieser Zeit so viel wie möglich. Mit Musik geht es übrigens leichter, das kenne ich auch von meinen Baustellen, an denen wir ein Radio vorzufinden hoffen.

Das alles ist in vielen Fällen hilfreich, aber einen Therapeuten ersetzt das nicht. Deshalb möchte ich abschließend anmerken, dass meine besondere Empfehlung den Psychologen gilt, die das Messie-Syndrom als eigenständiges Krankheitsbild betrachten. Leider sind diese in Deutschland rar gesät, mir ist nur Veronika Schröter mit ihrem Messie-Kompetenz-Zentrum bekannt. Sie entwickelte ein speziell auf Menschen mit Messie-Syndrom ausgerichtetes Therapiekonzept und sagt: »Hinter dem Chaos verbirgt sich immer kreatives, lebendiges Potenzial. Dies gilt es aufzuspüren und freizulegen.«[54]

Das Schönste ist, einer meiner Auftraggeberinnen, einer Betroffenen des Messie-Syndroms, ist das gelungen. Eine zierliche Dame, die aufgrund ihres Alters körperlich eingeschränkt war. Sie konnte gerade einmal zwei Kilo hochheben und ich fragte mich, wie sie es schaffte, die vielen Weinflaschen vom Einkauf nach Hause zu bringen. Es waren über 3000 Stück, so wie bei Frau Prada. Außer dem Glas lag noch Papier herum, doch Müll im eigentlichen Sinne, zum Beispiel Essensreste, gab es nicht. Ich fühlte mich sehr wohl mit ihr, wir unterhielten uns gut. Sie sagte, es wohne ein Entrümpler im Haus, aber diesen wolle sie nicht beauftragen. Deshalb war ich da und ich brachte die Wohnung und die Augen der Frau zum Glänzen. Sie sagte, sie wolle sich in einem Jahr noch einmal melden und zeigen, dass sie es geschafft habe. Manchmal verliere ich selbst die Hoffnung und denke: In einem Jahr sieht es wieder aus wie vorher. Aber sie schickte mir Fotos ihrer Wohnung und schrieb mir, dass sie nicht in alte Muster zurückgefallen ist, dass sie glücklich ist und mir dankt. Und die Erfahrung, dass Neuanfänge möglich sind, dass ich sogar an einem beteiligt war, die trage ich weiter zu meinen nächsten spektakulären und unspektakulären Fällen. Auf ein Neues.

Endnoten

1 Vgl. Kern, Stefan (2014): Wie viel ist genug? In: Rhein-Neckar-Zeitung. Online verfügbar unter: https://www.rnz.de/panorama/magazin_artikel,-Magazin-Wie-viel-ist-genug-_arid,20959.html (20.04.2020)

2 Vgl. Radebold, Hartmut (2005): Die dunklen Schatten unserer Vergangenheit. Stuttgart: Klett-Cotta Verlag.

3 Benn, Gottfried (2002): Sämtliche Werke. Gedichte 1, Stuttgarter Ausgabe, herausgegeben von Ilse Benn und Gerhard Schuster. Stuttgart: Klett-Cotta Verlag, Bd. 1, S. 11.

4 Vgl. Großmann, Julia (o. D.): Warum uns das Helfen glücklich macht. In: Geo. Online verfügbar unter: https://www.geo.de/wissen/gesundheit/20164-rtkl-forschung-warum-uns-das-helfen-gluecklich-macht (20.04.2020)

5 Vgl. Hirtz, Sabina; Tergast, Carsten (2016): Der Messie in uns. Wie wir Wohnung und Seele entrümpeln. Reinbek bei Hamburg: Rowohlt Verlag, S. 17.

6 Vgl. Schröter, Veronika (o. D.): Studie zum Messie-Syndrom. Online verfügbar unter: https://www.veronika-schroeter.de/studie-zum-messiesyndrom/ (20.04.2020)

7 Reboly, Katharina; Pritz, Alfred (2009): Das Messie-Syndrom. In: Rausch ohne Drogen. Wien: Springer Verlag, S. 124.

8 spektrum.de (2014): Messie-Syndrom. Patienteninfo. Online verfügbar unter: https://www.spektrum.de/ratgeber/messie-syndrom/1018463 (20.04.2020)

9 Vgl. Bayern 2 (2013): Studie: »Messies« leiden an Wertbeimessungsstörung. Pressemitteilung. Online verfügbar unter: https://www.br.de/presse/inhalt/pressemitteilungen/bayern2-notizbuch-messies-100.html (20.04.2020)

10 Lucke von, Albrecht (2007): Der vermüllte Mensch. In: Ästhetik und Kommunikation, Heft 138. Berlin: Rowohlt, S. 16.

11 Bönigk-Schulz, Marianne (2003): Worum geht es beim Messie-Syndrom? In: Lebenswende. Informationen der Bundesgeschäftsstelle für die Messie-Selbsthilfe, Ausgabe 0, 1. Jahrgang, Blomberg, FEM e.V. (Hrsg.)

12 Rehberger, Rainer (2007): Messies – Sucht und Zwang. Psychodynamik und Behandlung bei Messie-Syndrom und Zwangsstörung. 2. Auflage. Stuttgart: Klett-Cotta Verlag, S. 78.

13 Gross, Werner (2002): Messie-Syndrom. Löcher in der Seele stopfen. In: Deutsches Ärtzeblatt, Ausgabe 99, Heft 9, S. 419 f.

14 Vgl. Kortmann, Kathryn; Müller, Thomas (2001): Das alltägliche Chaos. Online verfügbar unter: https://www.wissenschaft.de/allgemein/das-alltaegliche-chaos/ (20.04.2020)

15 Vgl. Kortmann, Kathryn; Müller, Thomas (2001): Das alltägliche Chaos. Online verfügbar unter: https://www.wissenschaft.de/allgemein/das-alltaegliche-chaos/ (20.04.2020)

16 Schröter, Veronika (o. D.): Das Messie-Syndrom – Äußeres Chaos als Ausdruck innerer Unordnung. Online verfügbar unter: https://www.veronika-schroeter.de/messie-syndrom/ (20.04.2020)

17 Vgl. Schröter, Veronika (o. D.): Studie zum Messie-Syndrom. Online verfügbar unter: https://www.veronika-schroeter.de/studie-zum-messiesyndrom/ (20.04.2020)

18 Gross, Werner (2002): Messie-Syndrom. Löcher in der Seele stopfen. In: Deutsches Ärtzeblatt, Ausgabe 99, Heft 9, S. 419f.

19 Vgl. Arx, Johannes von (2004): Verwahrlosung, Vermüllung, Messie? – Wenn die Wohnung im Chaos versinkt. Vortrag am 25.10.2004. Online verfügbar unter: http://www.messies.ch/ueb_uns/Vortrag_2/vortrag_2_bruegg.htm (20.02.2020)

20 Faust, Volker (o. D.): Einsam unter Müll. Online verfügbar unter: http://www.psychosoziale-gesundheit.net/psychiatrie/vermuellung.html (20.04.2020)
21 Vgl. Dettmering, Peter (1985): Das Vermüllungssyndrom – ein bisher unbekanntes Krankheitsbild. Öffentliches Gesundheitswesen 47, S. 17.
22 Faust, Volker (o. D.): Psychiatrie heute. Seelische Störungen erkennen, verstehen, verhindern, behandeln. Stichwort »Vermüllungs-Syndrom«, S. 34. Online verfügbar unter: http://www.psychosoziale-gesundheit.net/psychiatrie/inhalt.html (20.04.2020)
23 Vgl. Rehberger, Rainer (2007): Messies – Sucht und Zwang. Psychodynamik und Behandlung bei Messie-Syndrom und Zwangsstörung. 2. Auflage. Stuttgart: Klett-Cotta Verlag, S. 78.
24 Vgl. Röttgerkamp, Anne (2018): Internet Pornografie – Zahlen, Statistiken, Fakten. Online verfügbar unter: https://www.netzsieger.de/ratgeber/internet-pornografie-statistiken (20.04.2020)
25 Vgl. Pornhub (2019): The 2019 Year in Review. Online verfügbar unter: https://www.pornhub.com/insights/2019-year-in-review (20.04.2020)
26 Czernik, Ilja (2008): Die Collage in der urheberrechtlichen Auseinandersetzung zwischen Kunstfreiheit und Schutz des geistigen Eigentums. Berlin: Walter de Gruyter, S. 72.
27 Silberbauer, Michael; Stadlmann, Birgit (2018): Das Messie-Syndrom aus dem Blickwinkel der Hilfesysteme. Online verfügbar unter: https://phaidra.fhstp.ac.at/open/o:3007 (20.04.2020)
28 Schröter, Veronika (2017): Messie-Welten: Das komplexe Störungsbild verstehen und behandeln. Stuttgart: Klett-Cotta Verlag, S. 45.
29 Vgl. Brambusch, Jens (2016): Geiz ist geil – bis ins Grab: Das lukrative Geschäft mit dem Tod. In: Stern. Online verfügbar: unter https://www.stern.de/wirtschaft/news/bestattung-sarg-grab-tod-milliardenmarkt-7100092.html (20.04.2020)

30 Vgl. Bundeskriminalamt (2017): Polizeiliche Kriminalstatistik. Bundesrepublik Deutschland. Jahrbuch 2017. Band 2: Opfer. Ausgabe 65, S. 31.

31 Vgl. Statista Research Department (2020): Anzahl der erfassten Fälle von Mord in Rheinland-Pfalz in den Jahren 2012 bis 2018. Online verfügbar unter: https://de.statista.com/statistik/daten/studie/1101660/umfrage/erfasste-faelle-von-mord-in-rheinland-pfalz/ (20.04.2020)

32 Vgl. Deutsche Zusammenarbeit mit Afghanistan (o. D.): Flucht & Migration. Online verfügbar unter: https://www.ez-afghanistan.de/de/priority/flucht-migration (20.04.2020)

33 Der Tatortreiniger (2014), Staffel 4, Folge 4.

34 Suchtmittel.de (o. D.): Collyer-Brüder. Online verfügbar unter: https://www.suchtmittel.de/info/personen/000897.php (20.04.2020)

35 Simon Beckett (2017): Die Chemie des Todes. Reinbek bei Hamburg: Rowohlt Taschenbuch Verlag, S. 7.

36 Vgl. Länderdaten (2020): Sterberaten. Online verfügbar unter: https://www.laenderdaten.de/bevoelkerung/sterberate.aspx (20.04.2020)

37 Der Spiegel (2016): »Ich fahre jetzt gegen den nächsten Brückenpfeiler«. Online verfügbar unter: https://www.spiegel.de/gesundheit/psychologie/telefonseelsorge-wie-haelt-man-menschen-vom-suizid-ab-a-1103676.html (24.04.2020)

38 Fischer, Astrid (o. D.): »Umbringen kann ich mich in 14 Tagen noch«. Suizidprävention bei der Telefon Seelsorge. Online verfügbar unter: https://www.telefonseelsorge.de/?q=node/7660 (24.04.2020)

39 hr fernsehen (2019): Warum werfen sich Menschen vor den Zug? Online verfügbar unter: https://www.hr-fernsehen.de/sendungen-a-z/engel-fragt/sendungen/suizid-warum-willst-du-sterben,sendung-76598.html (24.04.2020)

40 Vgl. Spilcker, Axel (2007): Die Lok hochheben. In: Focus. Online verfügbar unter: https://www.focus.de/panorama/welt/tid-16207/suizid-die-lok-hochheben_aid_223170.html (24.04.2020)
41 American Foundation For Suicide Prevention (o. D.): Risk factors and warning signs. Online verfügbar unter: https://afsp.org/risk-factors-and-warning-signs (24.04.2020)
42 Vgl. Hofmann, Tessa (2006): Annäherung an Armenien: Geschichte und Gegenwart. München: Verlag C. H. Beck, S. 216.
43 Vgl. Steketee, Gail; Ayers, Catherine R. (o. D.): Challenges in Treating Hoarding in Midlife and Older Adults. Online verfügbar unter: https://adaa.org/sites/default/files/Steketee_Master-Clinician.pdf (20.04.2020)
44 Gesundheit Berlin (2007): Dokumentation bundesweiter Kongress Armut und Gesundheit, S. 5.
45 Vgl. Kortmann, Kathryn; Müller, Thomas (2001): Das alltägliche Chaos. Online verfügbar unter: https://www.wissenschaft.de/allgemein/das-alltaegliche-chaos/ (20.04.2020)
46 Vgl. Steketee, Gail; Ayers, Catherine R. (o. D.): Challenges in Treating Hoarding in Midlife and Older Adults. Online verfügbar unter: https://adaa.org/sites/default/files/Steketee_Master-Clinician.pdf (20.04.2020)
47 Vgl. Schröter, Veronika (o. D.): Konzept zur Bewältigung: Die Ausgangslage. Online verfügbar unter: https://messie-kompetenz-zentrum.de/konzept/ (20.04.2020)
48 Neurologen und Psychiater im Netz (2015): Messie-Syndrom: Hilfe im Haushalt für die Betroffenen nicht nützlich. Pressemitteilung. Online verfügbar unter: https://www.neurologen-und-psychiater-im-netz.org/psychiatrie-psychosomatik-psychotherapie/ratgeber-archiv/meldungen/article/messie-syndrom-hilfe-im-haushalt-fuer-die-betroffenen-nicht-nuetzlich/ (20.04.2020)

49 Vgl. Kortmann, Kathryn; Müller, Thomas (2001): Das alltägliche Chaos. Online verfügbar unter: https://www.wissenschaft.de/allgemein/das-alltaegliche-chaos/ (20.04.2020)
50 Depner, Michael (2019): Seele und Gesundheit. Band 1: Diagnosen. Hattingen: Book on Demand, S. 238.
51 Depner, Michael (2019): Seele und Gesundheit. Band 1: Diagnosen. Hattingen: Book on Demand, S. 238.
52 Vgl. Berg, Ellen (2019): Achtung, Messie-Falle! Online verfügbar unter: https://ellen-berg.de/achtung-messie-falle/ (20.04.2020)
53 Heidenberger, Burkhard (o. D.): Richtig aufräumen – 10 Zaubertipps. Online verfügbar unter: https://www.zeitblueten.com/news/richtig-aufraeumen-10-zaubertipps/ (20.04.2020)
54 Schröter, Veronika (o. D.): Messie Therapie. Online verfügbar unter: https://www.veronika-schroeter.de/messie-therapie/ (20.04.2020)

272 Seiten
9,99 € (D) | 10,30 € (A)
ISBN 978-3-7423-1085-9

Christian Strzoda

Tut das weh, wenn ich hier drücke?

Die besten Geschichten aus meinem Leben als Notfallsanitäter

Ein Lager von Butangasflaschen in einem brennenden Haus, eine Frau, die sich umbringen möchte und im Todeskampf entscheidet, dass sie doch nicht sterben will, oder Kollegen, die in einen schweren Unfall verwickelt werden: Der Notfallsanitäter Christian Strzoda erlebt Tag für Tag dramatische Geschichten, die unter die Haut gehen. Nicht selten sind auch Kuriositäten dabei: So melden sich gesunde Menschen, die Panik bekommen, weil ihre Fitnessuhr ihnen sagt, es würde ihnen schlecht gehen, oder ein Waldarbeiter fällt einen Baum einfach mal in die eigene Richtung.

Christian Strzoda erzählt fesselnd, aber mit der nötigen Portion Humor von seinen außergewöhnlichsten Einsätzen. Denn das Leben schreibt immer noch die besten Geschichten.

riva